Bärbel Oftring

Wald

Leben unterm Blätterdach

Illustrationen von Lars Baus

 GERSTENBERG

Die obere Einbandabbildung zeigt das Blätterdach eines Buchenwaldes.
Die untere Abbildung zeigt einen Damhirschen.

Bärbel Oftring ist studierte Biologin mit den Schwerpunkten Zoologie, Botanik und Paläontologie. Nach ihrer langjährigen Tätigkeit im Garten- und Naturlektorat eines großen Verlages arbeitet sie seit 2000 als freie Autorin und Redakteurin. Über 100 Bücher sind von ihr bereits erschienen. Erstaunliches, Interessantes, Wissens- und Erlebniswertes über Natur und Umwelt an Kinder zu vermitteln liegt ihr besonders am Herzen. Aus diesem Grund leitet Bärbel Oftring Waldforscher-AGs an Grund- und Hauptschulen. Sie lebt in Böblingen bei Stuttgart.

Copyright © 2018 Gerstenberg Verlag, Hildesheim
Alle Rechte vorbehalten
Karte (S. 60/61) Peter Palm, Berlin
Einband, Gestaltung, Satz
Farnschläder & Mahlstedt, Hamburg
Druck Interak, Czarnków
Printed in Poland
www.gerstenberg-verlag.de
ISBN 978-3-8369-5589-8

FSC
www.fsc.org
MIX
Papier aus verantwortungsvollen Quellen
FSC® C015559

Wie Artnamen richtig geschrieben werden

Beim Herumblättern wirst du dich vielleicht wundern: Da liest du Hainbuche, aber ein paar Seiten weiter Rot-Buche. Was soll der Bindestrich? Die Namensähnlichkeit unterstellt eine enge Verwandtschaft zwischen diesen beiden Bäumen, die es für die Botaniker nicht gibt. Da die betreffenden Arten zu verschiedenen Gattungen und sogar Familien gehören, soll das auch im Namen erkennbar sein. Die Rot-Buche ist ein Vertreter der Buchengewächse *(Fagaceae)*, die Hainbuche hingegen gehört zu den Birkengewächsen *(Betulaceae)*. Genau dies betont die unterschiedliche Schreibweise: Die Rot-Buche *(Fagus sylvatica)* ist eine spezielle Art innerhalb der Gattung Buchen *(Fagus)*, die Hainbuche *(Carpinus betulus)* gehört zur Gattung Hainbuchen *(Carpinus)* und eben nicht zu Fagus. Auch für Pilznamen gilt diese Regelung, für Tiernamen nicht.

Inhalt

Abenteuer Wald

Unsere heimischen Wälder sind einzigartige Lebensräume, in denen es das ganze Jahr über ungemein viel zu entdecken gibt. Machst du dich mit dem Wald vertraut, kannst du dort Spannendes erleben: Pflanzen und Tiere offenbaren ihre Geheimnisse, wenn du genau hinschaust und hinhörst. Dabei erfährst du auch hautnah, dass nicht jeder Wald gleich ist: In manchen wachsen hauptsächlich Laubbäume wie Rot-Buchen oder Eichen, andere sind düstere Nadelwälder mit Fichten oder Tannen. Und so wie in jedem Waldtyp andere Bäume, Sträucher, Blumen und Pilze gedeihen, leben dort jeweils auch unterschiedliche tierische Bewohner.

In diesem Buch findest du alle Informationen, die du brauchst, um die heimischen Wälder zu verstehen, und viele weitere Anregungen für Beobachtungen und Erlebnisse. So wirst du bei jedem Gang durch den Wald aufmerksamer und entdeckst plötzlich Neues, was dir bisher unbekannt war. Besuche deshalb einen Wald immer wieder – mal morgens, mal mittags, mal abends oder nachts, mal im Frühling, Sommer, Herbst oder Winter, mal bei Sonnenschein, mal bei Regen oder Schnee. Auf diese Weise lernst du nicht nur den großen Reichtum an Pflanzen und Tieren unserer Wälder kennen, sondern auch deren Vielfalt an Düften und Geräuschen, an Farben und Formen, die du mit allen Sinnen erleben kannst.

Lebensgemeinschaft im Grünen

Bis in die 1960er-Jahre zogen robuste Pferde, die Rückepferde, die Stämme aus dem Wald zum nächsten Waldweg, wo sie auf Fuhrwerke geladen wurden.

Was sind Urwälder? Urwälder sind unberührte Wälder, die vom Menschen nicht genutzt werden und in die auch nicht auf andere Weise eingegriffen wird. Zu den Urwäldern zählen heutzutage rund 36 % aller Waldflächen der gesamten Erde – Tendenz leider abnehmend. Urwälder sind zum Beispiel die unberührten tropischen Regenwälder im Amazonas- und Kongogebiet sowie in Südostasien, die nördlichen Nadelwälder in Kanada und Sibirien (Taiga) und die Buchen-Waldgebiete zwischen Kaspischem Meer und dem Elburs-Gebirge. Bei uns in Mitteleuropa gibt es nur noch an ganzen wenigen Stellen kleine Reste von Urwäldern, denn die allermeisten heimischen Wälder werden vom Menschen mehr oder weniger intensiv bewirtschaftet und gepflegt. Solche Wirtschaftswälder werden auch Forste genannt.

Seit der Steinzeit roden Menschen kleinere oder größere Waldflächen, um Platz für Dörfer oder Felder zu schaffen.

Kleine Baumgruppen auf Feldern und Wiesen sind noch kein Wald. Sie werden aber von vielen Tieren bewohnt und wirken günstig auf den Platz, an dem sie stehen.

Was ist ein Wald?

In jedem Wald sind die Bäume am auffälligsten, denn erst sie machen einen Wald zum Wald. Das kannst du leicht selbst feststellen, beispielsweise auf einer gerodeten Waldfläche: Sobald die Bäume gefällt sind, ist aus dem Wald eine Lichtung oder eine freie Fläche geworden. Bäume machen den Wald zu einem dreidimensionalen Raum, der weit in die Höhe reicht. Die Kronen der Bäume bilden sozusagen die Decke dieses Raumes, die von den Baumstämmen wie von stabilen Säulen getragen wird. Ein Gegensatz dazu wäre etwa eine Wiese, die sich in der Ebene ausbreitet und nur hier und da hohe Hecken und Feldgehölze besitzt. Typisch für einen Wald ist auch der Aufbau in Stockwerken, zu denen sich die verschieden hohen Blumen, Sträucher und Baumkronen formieren (siehe auch Seite 20–21).

Dennoch ist ein Wald mehr als nur viele Bäume. In einem Wald herrscht vielmehr ein vielfältiges Beziehungsgefüge zwischen Pflanzen, Pilzen, Tieren, Mikroorganismen und der unbelebten Natur. Wälder gehören zu den am höchsten entwickelten Ökosystemen der Erde – wie verflochten sie sind, zeigt sich, wenn eine größere Waldfläche irgendwo auf der Erde komplett abgeholzt wird. Es dauert viele Menschenleben, bis der Wald, wenn überhaupt, wieder so wird, wie er einst war. Ein gutes Beispiel dafür ist die europäische Mittelmeerküste, an der

Laub-, Nadel- oder Mischwald Je nach dem vorherrschenden Baumbestand werden bei den Wäldern Laub-, Misch- oder Nadelwald unterschieden. In einem Laubwald besteht der Baumbestand hauptsächlich aus Laubbäumen, in einem Nadelwald aus Nadelbäumen. In einem Mischwald kommen beide Baumtypen vor.

vor über 2000 Jahren noch dichte Wälder aus hartlaubigen Stein-Eichen standen. Diese Wälder wurden unter anderem von den Römern komplett für ihre Schiffe und Bauten abgeholzt – und 2000 Jahre später sind sie immer noch nicht wieder da, wie viele karge oder von undurchdringlichem Gestrüpp (Macchie) bewachsene Küstenabschnitte zeigen. Von Wäldern keine Spur! Kleine Reste dieser einstigen Wälder gibt es heute nur noch im nordafrikanischen Atlasgebirge, auf Mallorca und Korsika. Auch die Wälder, die in Russland und Kanada, am Amazonas oder in anderen Gebieten der Erde in gigantischem Ausmaß abgeholzt werden, werden für immer verschwunden sein.

Ein natürlicher Wald ist ein recht stabiles Ökosystem. Nach einem Waldbrand, einem Sturm oder einer anderen auf ein bestimmtes Gebiet begrenzten Zerstörung schafft es der Wald von allein, wieder in den ursprünglichen Zustand zurückzukehren. Das kannst du auf einer Waldlichtung gut beobachten: Nach und nach erobern die Bäume, Blumen, Pilze und Tiere die frei gewordene Fläche zurück – und viele Jahre später kann man die ehemalige Lichtung nur noch erahnen. Für uns Menschen ist diese Selbsterhaltungskraft des Waldes gut, denn so kann in einer nachhaltigen Forstwirtschaft das Holz genutzt werden, ohne dass der Wald dabei vernichtet wird.

1

2

3

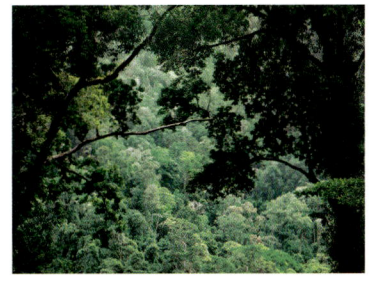

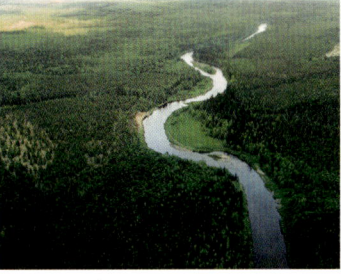

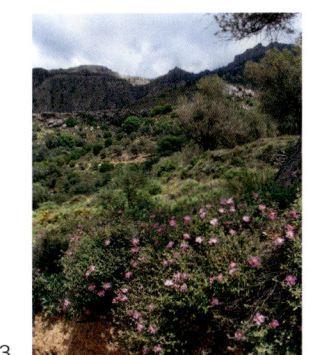

1 Im feucht-warmen Klima der Tropenwälder gedeihen unzählige Pflanzen und Tiere.
2 Im hohen Norden erstrecken sich unendliche Nadelwälder rund um die Erde.
3 Dort, wo sich am Mittelmeer einst Stein-Eichenwälder ausdehnten, findet sich heute die Macchie.

Sind zehn Bäume schon ein Wald? Aus Bäumen wird erst dann ein Wald, wenn es genügend viele sind, um den Boden und das Klima (im Sommer kühler, im Winter und nachts wärmer als außerhalb) merkbar zu beeinflussen. Ab einer Fläche von 100 × 100 Metern (etwa 1,5 Fußballfelder) sehen Bäume wie ein kleiner Wald aus, ab einer Fläche von einem halben bis einem Quadratkilometer herrschen waldtypische Beziehungsgefüge.

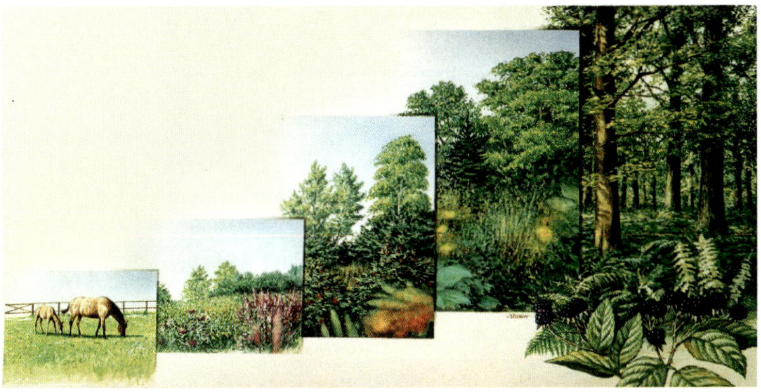

Auf beweideten Wiesen kann kein Wald gedeihen. Ohne Weidetiere hingegen erobert der Wald die Wiesen und Weiden zurück. Dort kannst du im Lauf der nächsten Jahre beobachten, wie nach und nach zuerst Büsche, dann Birken und andere kleine Bäume die Fläche besiedeln.

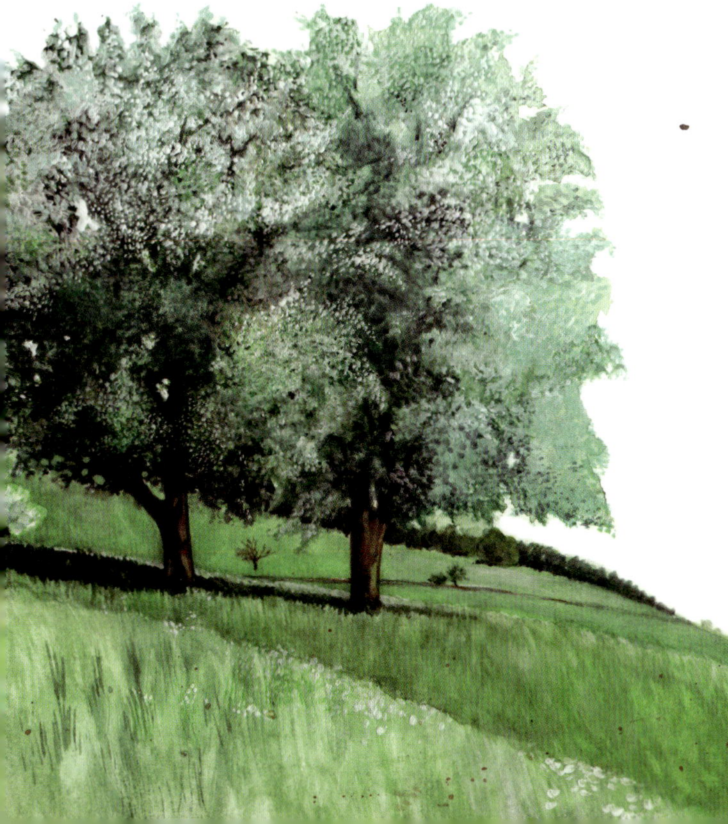

Die Geschichte unserer Wälder

Vor 300 Millionen Jahren Im heutigen Ruhrgebiet und Saarland standen im feucht-warmen Klima der Karbonzeit üppige Sumpfwälder aus über 30 Meter hohen urtümlichen Bärlapp- und Schuppenbäumen, zwischen denen bis zu 15 Meter hohe Baumfarne und Schachtelhalme wuchsen. Die Nachfahren dieser Pflanzen, die heute noch bei uns wachsen, sind krautartig. In diesem Wald lebten die ersten geflügelten Insekten – modellflugzeuggroße Libellen mit bis zu 75 Zentimetern Flügelspannweite, bis zu 2 Meter lange Tausendfüßer und molchähnliche Lurche von Krokodilgröße mit riesigen Schädeln.

Trotz gewaltiger Stammdurchmesser knickten die Bäume leicht um, da sie innen weich waren. Sie landeten im Sumpf, sogen sich mit Wasser voll und wurden zu Torf. 40 Millionen Jahre lang lagerten sich die Bäume ab. Unter dem riesigen Gewicht sanken die gewaltigen Pflanzenmassen immer tiefer ab, durch Luftabschluss und Druck wurde aus dem Torf zunächst Braun-, dann Steinkohle. Bis zu 5000 Metern mächtig sind diese Steinkohleschichten, die heute abgebaut werden.

Am sonnigen Waldrand wächst die Hasel. Ihre Früchte, die Haselnüsse, mögen nicht nur wir Menschen, sondern auch viele Tiere.

Vom Urwald zum Forst

Gäbe es bei uns keine Menschen, wäre fast ganz Mitteleuropa von einem dichten, sommergrünen Buchenwald bedeckt. Viele Waldflächen sind heute aber für Felder, Wiesen, Siedlungen und Industriegebiete gerodet. Nach Norden hin sowie in den Höhenlagen der Alpen und Mittelgebirge geht dieser Laubmischwald in einen Nadelwald über. Noch weiter nördlich und in den Gipfelregionen der Alpen schließen sich baumlose, tundraähnliche Landschaften an. Diese natürliche Gliederung der Pflanzengesellschaften hat sich nach der Eiszeit entwickelt, die in Mitteleuropa vor etwa 12 000 Jahren zu Ende ging.

Während der letzten Kaltzeit gab es bei uns so gut wie keine Wälder. Bäume konnten sich erst ausbreiten, als es wärmer wurde und der Frostboden aufgetaut war. Bald waren die eisfreien Flächen von einem lichten Wald aus frostunempfindlichen Kiefern und Birken bedeckt.

Mit dem weiteren Ansteigen der Temperaturen schmolz das Eis und es konnten sich vor rund 9000 Jahren die ersten wärmeliebenden Baumarten ausbreiten. Das war vor allem die Haselnuss. Doch die Temperaturen stiegen noch weiter und erreichten vor 7000 Jahren ihren nacheiszeitlichen Höhepunkt: Im Durchschnitt war es damals 1 Grad wärmer als heute. Und so beherrschte ein artenreicher Laubwald aus Eichen, Ulmen, Linden, Eschen und Ahorn die Landschaft.

Torf besteht aus den abgestorbenen Pflanzen, die einst in einem Moorgebiet wuchsen. Pollen (Blütenstaub) der Bäume gelangte mit dem Wind ins Moor.

Als die Temperaturen vor 6000 Jahren auf das heutige Niveau absanken, breiteten sich langsam auch Buchen und Tannen aus. Seit rund 4000 Jahren sind Buchen-Mischwälder die typische Waldgesellschaft der Ebenen, in den Gebirgen sind es Mischwälder aus Rot-Buche, Weiß-Tanne und Fichte.

Schon vor rund 5000 Jahren begannen die Menschen, die inzwischen als Bauern sesshaft geworden waren, die ersten Waldflächen zu roden. Mit der zunehmenden Bevölkerung wurde immer mehr Land besiedelt – auf Kosten der Wälder. Bis in die jüngste Vergangenheit waren die meisten Menschen vom Wald abhängig. Das Holz war nicht nur Brennmaterial zum Heizen und Kochen, Baustoff für Gebäude, Schiffe, Möbel und Zäune, auch die meisten Gerätschaften bestanden aus Holz. Eicheln oder Bucheckern waren Futter für Schweine und anderes Vieh. Hirsche, Rehe und Wildschweine lieferten Fleisch. Das Harz der Nadelbäume diente u. a. als Dichtungsmittel für Dächer und Schiffe, die Rinde als Gerbstoff für Tierhäute. Erst ab dem 19. Jahrhundert wurden Gesetze zum Schutz des Waldes eingeführt – angesichts der heutigen technischen Möglichkeiten mit Vollerntern ein Segen für unsere Wälder.

Woher weiß man, welche Bäume früher bei uns wuchsen? Im Schlamm am Grund von Seen, in Torf und im Eis sind die Pollen früherer Bäume und Pflanzen erhalten geblieben. Archäobotaniker – so heißen die Wissenschaftler, die die urzeitlichen Pflanzen erforschen – untersuchen diese Pollenfunde und wissen durch den Vergleich mit heutigen Pollen, welche Bäume früher wuchsen. Eine genaue Datierung ermöglicht die Untersuchung des radioaktiven Kohlenstoffisotops (C14), der in allen Lebewesen enthalten ist. Auch versteinerte Blätter und andere fossil erhaltene Baumteile sind Zeugen der Bäume früherer Zeiten.

An den Ufern der Flüsse gedeiht ein besonderer Wald aus Baumarten wie Erlen und Weiden, denen es nichts ausmacht, wenn ihre Wurzeln dauernd im staunassen Boden stehen.

Wenn du erleben möchtest, wie es bei uns vor etwa 10 000 Jahren aussah, musst du nach Lappland fahren. Dort gedeihen noch heute Wälder aus Kiefern und Birken.

Im Wald war früher viel los, denn die Bauern trieben nicht nur Rinder, Schafe und Ziegen, sondern auch ihre Schweine in den Wald. Dort konnten sie sich satt fressen.

Was der Wald den Menschen bedeutet

»Zwei Männer in Betrachtung des Mondes« heißt eines der berühmten Gemälde von Caspar David Friedrich (1774–1840), der meist Naturlandschaften gemalt hat. Er drückte in seinen Bildern Gefühle und Stimmungen aus: Hier verkörpert der steinige Weg den Lebensweg eines jeden Menschen.

Märchen und der Wald Was wären Märchen wie »Hänsel und Gretel«, »Rotkäppchen«, »Sterntaler« oder »Brüderchen und Schwesterchen« ohne den Wald? Der Wald ist der natürliche Lebensraum des Wolfes und liefert eine Umgebung, in der viel Spielraum für Fantasie ist. So bereichert der Wald viele Märchen und gibt ihnen einen Handlungsort, der so dunkel und voller Ge-

heimnisse ist wie das Leben jedes Menschen. Was ihnen dort begegnet, mag schrecklich sein, doch nach der Begegnung mit Hexen, Wölfen und bösen Räubern kehren sie gestärkt und gefestigt wieder aus dem Wald zurück, so wie Hänsel und Gretel nach ihren Erfahrungen im Hexenhaus oder Rotkäppchen aus dem Bauch des Wolfes.

Waldeslust oder finsterer Tann?

Ihr müsst euch das so vorstellen: Bis weit ins Mittelalter hinein waren bei uns die Dörfer kleine Inseln inmitten eines schier unendlich großen Waldes. Damals war es also genau andersherum als heute, wo die meisten Waldgebiete mehr oder weniger große Inseln inmitten von Feldern, Wiesen und Siedlungen sind!

Damals war der Wald auch nicht so aufgeräumt und licht mit breiten Straßen und Wegen, sondern ein undurchdringliches Dickicht. Zwischen den Bäumen wuchs dichtes Gestrüpp. Jeder kleinste Gang aus dem Dorf, ob zum Wasserholen am nächsten Bach oder zum Sammeln von Brennholz, führte die Menschen auf schmalen Trampelpfaden durch diesen Wald, in dem es auch bei Tag viel dunkler war als auf den freien Dorfflächen.

Und so hatten unsere Vorfahren nicht nur eine enge wirtschaftliche Beziehung zum Wald, sondern sie verbanden mit dem Wald auch viele persönliche Erlebnisse und oft schaurige Geschichten: Wilde Tiere wie Bären, Wölfe oder Wildschweine, umstürzende Bäume oder sumpfige Böden gehörten zu den bedrohlichen Erfahrungen, die die Menschen immer wieder im Wald machten. Zudem versteckten sich auch manche Räuber in den Tiefen der Wälder und machten den Weg zum nächsten Dorf zu einem gefährlichen Unternehmen. Auch erlebten die Menschen den Wald oft als Feind, den es mit viel Mühe und Kraft zurückzudrängen galt.

Bäume mit einfachsten Werkzeugen zu fällen und kleinste Waldflächen von dornigem Gestrüpp, Steinen und Felsblöcken zu befreien war schwere Arbeit. Und war man nur etwas nachlässig und pflegte die gerodeten Flächen nicht mit der genügenden Sorgfalt, nahm sich der Wald in kurzer Zeit die mühsam freigelegten Flächen wieder zurück.

All diese menschlichen Ängste und Sorgen hielten die düsteren Wälder mit ihren hohen Baumgestalten, wie sie etwa alte Eichen darstellen, und den unheimlichen Geräuschen – bellende Rehböcke, unheimliche Käuzchenrufe – stets wach und lebendig: Für die Menschen besaßen die Bäume Seelen und der Wald war belebt mit Trollen, Hexen, Kobolden, Geistern und anderen wundersamen Wesen, die den Menschen nicht immer freundlich gesonnen waren. Der Wald war aber auch der Ort von Göttern und Göttinnen, die in heiligen Hainen verehrt wurden. Erst mit der Verbreitung des Christentums zerstörten Mönche diese alten Kultstätten.

Wundert es da noch, dass so viele unserer Sagen und Märchen mit Wäldern zu tun haben? Die Grimmschen Hausmärchen wie »Hänsel und Gretel« oder »Brüderchen und Schwesterchen« wären ohne den Wald undenkbar!

Auch heute taucht in den Medien immer wieder ein mythisch-verklärtes Bild vom Wald auf. Doch tatsächlich wissen die Menschen bei uns erstaunlich wenig vom Wald, seiner ökologischen Rolle als Sauerstofflieferant, Luftfilter, Klimaverbesserer, Erosionsschutz, als Lebensraum für Pflanzen und Tiere, von Holzwirtschaft oder darüber, was ein Förster tut. All dies erfährst du in diesem Buch.

Robin Hood Kaum eine Figur ist so mit dem Wald verbunden wie Robin Hood, dessen Heldengeschichte in einer mittelalterlichen Sage beschrieben wird. Im Mittelalter begannen Könige und Adlige, zum ersten Mal einzelne Teile des Waldes unter ihren Bann zu stellen. In diesem Bannwald durfte nur der König jagen, nicht mehr das Volk wie bisher. Positiv war, dass in diesen königlichen Wäldern zum ersten Mal Forstwirtschaft betrieben und der Wald gepflegt wurde. Negativ hingegen war, dass die Menschen nun bestraft wurden, wenn sie gegen dieses Jagdrecht verstießen – und das wurde ziemlich willkürlich ausgelegt. Gegen diese Zustände ging Robin Hood im englischen Wald von Sherwood vor. Das Foto zeigt Sean Connery als Robin Hood in dem Film *Robin und Marian* von 1976 (Regie: Richard Lester).

Bei den Germanen wurden Volks- und Gerichtsversammlungen meist auf einem Platz unter einem Baum abgehalten.

Früher durften die Menschen ungestraft Reisig sammeln, während auf das unerlaubte Schlagen von Bäumen hohe Strafen standen.

Einer Sage nach lebte einst im Riesengebirge ein Berggeist namens Rübezahl. Zu guten Menschen soll er freundlich gewesen sein und ihnen heilende Pflanze geschenkt haben, schlechte Menschen leitete er in die Irre.

Wälder in Europa

Sobald das Blätterdach im Mai geschlossen ist, bekommen die Pflanzen am Boden nur noch wenig Licht. Daher blühen Blumen wie das Busch-Windröschen zeitig im Frühjahr.

Urwälder in Europa Ohne die menschlichen Rodungen wäre bei uns fast das ganze Land flächendeckend mit einem urwüchsigen Wald bedeckt. In diesem Urwald würden Baumriesen aus 40 und mehr Meter hohen Buchen, Eichen und anderen Baumarten wachsen, bis sie umfallen. Dichtes Unterholz aus jungen Bäumen, Sträuchern und Kräutern würde diesen Wald undurchdringlich machen, der voller Tierleben wäre – auch Braunbären, Wolf und Luchs wären in diesen Wäldern zuhause.

Aufgrund der Land- und Forstwirtschaft und der ausgedehnten Siedlungen der Menschen in Mitteleuropa gibt es von diesem Urwald hierzulande nur noch kleine Restbestände.

Urwald im Białowieża-Nationalpark, Polen

Wenn du einen Berghang betrachtest, siehst du zwei Grenzlinien. Die untere ist die Waldgrenze. Darüber wachsen nur einzelne Bäume. Die obere Grenze ist die Baumgrenze. Ab hier kann kein Baum mehr gedeihen.

Die heimischen Waldtypen

Deutschland und Mitteleuropa liegen geografisch und klimatisch in der Region, in der der sommergrüne Laubwald die vorherrschende Vegetationsform ist. Fast alle Waldflächen sind Kulturwälder, in denen der Mensch Aussehen, Baum- und Tierbestand bestimmt. Der vorherrschende Waldtyp in Deutschland ist der Buchen-Mischwald, in den Niederungen Nordwestdeutschlands der Eichen-Mischwald. In den Alpen und Mittelgebirgen wachsen Berg-Mischwälder aus Buchen, Tannen und Fichten. Entlang der Flüsse gedeiht der Auwald mit Bäumen, die Staunässe im Boden vertragen können.

Der Buchen-Mischwald Die Rot-Buche *(Fagus sylvatica)* ist die Baumart, der das bei uns herrschende Klima am allerbesten behagt. Mit ihren schlanken, hellgrauen Stämmen und dem geschlossenen Blätterdach bildet sie einen Wald, der an eine halbdunkle Kathedrale erinnert: In einem Buchenwald wirst du kaum nass, wenn es regnet.

Der Eichen-Mischwald Überall dort, wo der Boden zu nährstoffarm oder trocken für Rot-Buchen ist, wachsen Eichen, meist Stiel-Eichen *(Quercus robur)*. Da Eichen durch ihre knorrigen Kronen mehr Licht durchlassen als etwa Rot-Buchen, ist ein Eichen-Mischwald heller und freundlicher. Dort gedeihen auch andere Bäume wie Hainbuchen und viele Sträucher und Blumen.

Der Berg-Mischwald In diesen lichten Wäldern gedeihen viele Sträucher und Kräuter. Je höher man in den Mittel-

gebirgen und Alpen hinaufsteigt, umso felsiger ist der Untergrund. Die Bodendecke ist dort dünner, Wasser kann weniger gut gespeichert werden. Zudem wird mit zunehmender Höhe die Vegetationszeit Sommer immer kürzer. Mit diesen Bedingungen kommen Nadelbäume viel besser zurecht als Laubbäume. Und so wachsen ab bestimmten Höhen bis zur Baumgrenze nur noch Nadelbäume wie die Weiß-Tanne *(Abies alba),* die Gemeine Fichte *(Picea abies)* und die Wald-Kiefer *(Pinus sylvestris).*

Der Nadelwald Alle Nadelwälder außerhalb der Berge sind künstlich aufgeforstet und bedürfen besonderer Pflege, denn im Tiefland sind ihnen die Laubbäume haushoch überlegen. Dennoch werden Nadelbäume in Forsten gepflanzt, weil sie in kurzer Zeit viel Holz als Bau- und Brennmaterial liefern. Fichte und Douglasie sind derzeit die wichtigsten Forstbäume.

In den Bergen wachsen die Bäume bis zur Baumgrenze. Oberhalb sind die Sommer zu kurz und die Winter zu lang für das Gedeihen der Bäume.

Der Schwarzwald Wegen der zahlreichen, sehr dunkel wirkenden Tannenwälder, die es im Schwarzwald gab, kam dieses Mittelgebirge zu seinem Namen. Heute findet man von diesen einstigen Tannenwäldern nur noch Reste (etwa bei Kälberbronn im Nordschwarzwald oder bei Gersbach im Südschwarzwald).

Der Auwald Entlang der Bäche und Flüsse können nur bestimmte Baumarten wachsen wie Eschen, Erlen, Weiden und Pappeln, die »nasse Füße« vertragen. Da diese Auwälder wie ein Schwamm große Mengen an Wasser speichern können, regulieren sie die Wasserstände in den Flüssen. Auwälder verhindern Überschwemmungskatastrophen.

Im Auwald ist der Boden das ganze Jahr über sehr nass. Bei Hochwasser ist der Auwald überflutet.

Da die Eiche einst unser wichtigster Wirtschaftsbaum war, wurde sie vom Menschen gefördert. Daher wachsen bei uns mehr Eichen und Eichenwälder, als es natürlicherweise gäbe.

Wälder der Erde

Orang-Utan, Rafflesia (die größte Blüte der Erde) und bizarre Gottesanbeterinnen bewohnen die tropischen Regenwälder Asiens und Südamerikas.

Mangroven   An den tropischen Küsten wächst dieser besondere Wald aus Bäumen und Sträuchern, denen es nichts ausmacht, wenn sie bei Flut im salzigen Meerwasser stehen. Das mit dem Wasser aufgenommene Salz lagern die Mangrovengewächse in ihren Blättern, die sie regelmäßig abwerfen. So entsorgen sie die überschüssigen Salze.

Waldtypen von den Tropen bis zur Taiga

Vom Äquator bis in den hohen Norden und Süden prägen Wälder das Bild der Erde. Wälder gibt es überall dort, wo genügend Wasser vorhanden ist und keine extreme Kälte herrscht. Wälder, insbesondere die tropischen Regenwälder, sind die artenreichsten Lebensräume unserer Erde. Dort leben die meisten Tier- und Pflanzenarten.

Je nach Temperatur und Niederschlag sehen Wälder unterschiedlich aus – aber dort, wo sich die Klimabedingungen gleichen, gedeihen ähnliche Waldtypen. So kann man auf der Erde vier Waldregionen unterscheiden:
– Tropische Wälder am Äquator (tropischer Regenwald, tropischer regengrüner Wald);
– Subtropische Hartlaubwälder;
– Gemäßigte Wälder (sommergrüner Laubwald);
– Subarktische Wälder (immergrüner Nadelwald, wie beispielsweise die Taiga), nur auf der Nordhalbkugel.

Tropischer Regenwald   Rund um den Äquator herrscht das ganze Jahr über dasselbe warme Klima: Die Temperaturen liegen von Januar bis Dezember bei 24–28 Grad Celsius und es regnet jeden Monat ausreichend viel. In diesem ausgeglichenen Tropenklima gedeihen in Süd- und Mittelamerika, Afrika und Südostasien riesige Regenwälder aus immergrünen Laubbäumen.

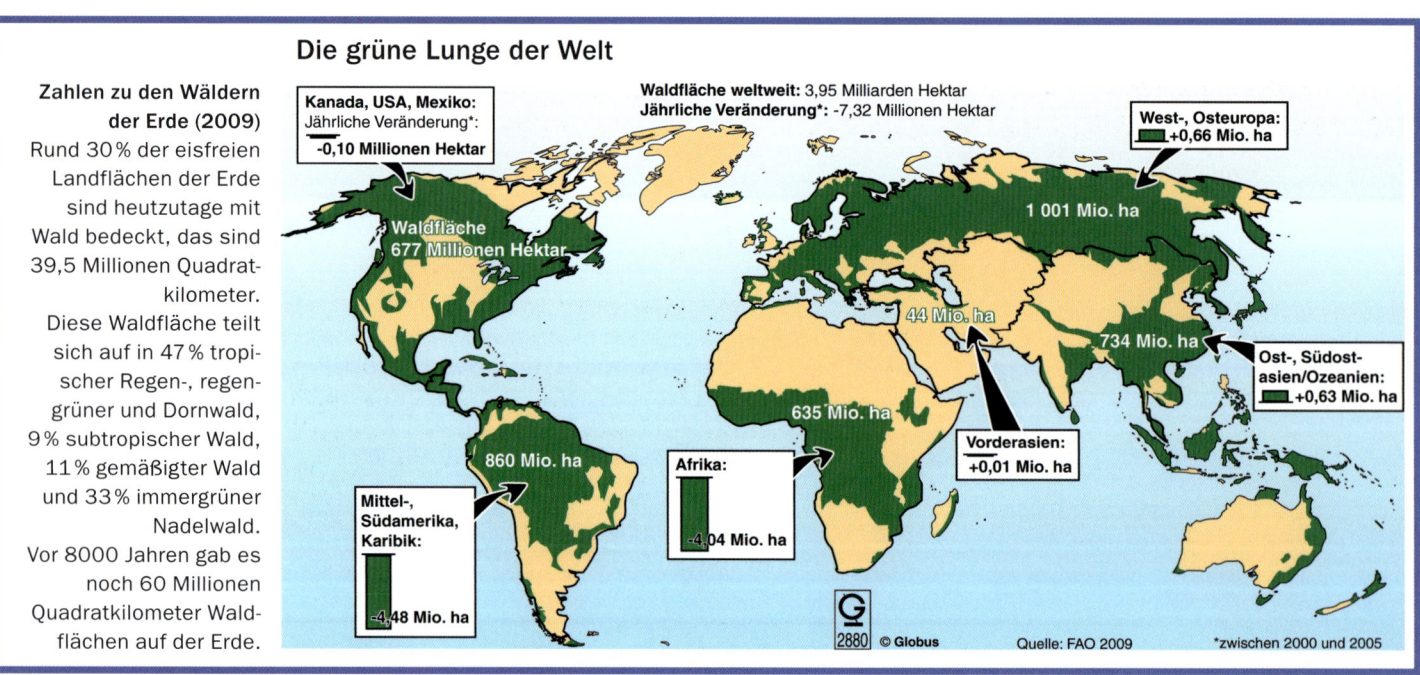

Die grüne Lunge der Welt

Zahlen zu den Wäldern der Erde (2009)
Rund 30 % der eisfreien Landflächen der Erde sind heutzutage mit Wald bedeckt, das sind 39,5 Millionen Quadratkilometer. Diese Waldfläche teilt sich auf in 47 % tropischer Regen-, regengrüner und Dornwald, 9 % subtropischer Wald, 11 % gemäßigter Wald und 33 % immergrüner Nadelwald. Vor 8000 Jahren gab es noch 60 Millionen Quadratkilometer Waldflächen auf der Erde.

Kanada, USA, Mexiko:
Jährliche Veränderung*:
-0,10 Millionen Hektar

Waldfläche weltweit: 3,95 Milliarden Hektar
Jährliche Veränderung*: -7,32 Millionen Hektar

West-, Osteuropa:
+0,66 Mio. ha

Waldfläche 677 Millionen Hektar

1 001 Mio. ha

44 Mio. ha

734 Mio. ha

Ost-, Südostasien/Ozeanien:
+0,63 Mio. ha

635 Mio. ha

Vorderasien:
+0,01 Mio. ha

860 Mio. ha

Afrika:
-4,04 Mio. ha

Mittel-, Südamerika, Karibik:
-4,48 Mio. ha

© Globus
2880

Quelle: FAO 2009

*zwischen 2000 und 2005

Die Pflanzen im tropischen Regenwald bilden einzelne Stockwerke – die im Dämmerlicht liegende Krautschicht am Waldboden, eine undurchdringliche Strauchschicht und die in 30–40 Metern Höhe ein geschlossenes Laubdach bildende Baumkronenschicht. Einzelne bis zu 60 Meter hohe Urwaldriesen, die »Überhälter«, ragen deutlich hervor.

In jedem Erdteil besteht der tropische Regenwald aus anderen, jeweils typischen Baumarten, überall aber in einer unglaublichen Artenvielfalt. Bis zu 280 verschiedene Baumarten wurden auf einer Fläche von nur 100 × 100 Metern (1 Hektar) tropischem Regenwald gezählt, bei uns sind es gerade mal fünf. Da auf einem Hektar tropischem Regenwald insgesamt nur etwa 600 Bäume stehen, gehört fast jeder zweite Baum zu einer anderen Art! Biologen schätzen, dass in allen tropischen Regenwäldern der Erde bis zu 50 000 verschiedene Baumarten wachsen, von denen die meisten noch nicht entdeckt wurden. Ein spannendes Forschungsgebiet!

Tropischer regengrüner Wald In den tropischen und subtropischen Gebieten, in denen sich Regen- und Trockenzeiten abwechseln, werfen die Bäume ihr Laub ab, meist in der Trockenzeit. Sie blühen am Ende der Trockenzeit. Diese tropischen regengrünen Wälder in Asien und Afrika ähneln ansonsten tropischen Regenwäldern. Sie sind sehr artenreich. Noch weniger Feuchtigkeit steht den Bäumen in den regengrünen Wäldern Südamerikas zur Verfügung. Weil dort viele Pflanzen Wasser in ihrem Körper speichern können und Dornen und Stacheln besitzen, nennt man diese Wälder auch regengrüne Dornwälder.

In den tropischen Regenwäldern, aber auch in der Antarktis und in Geysiren suchen Wissenschaftler nach neuen, unbekannten Wirkstoffen für Arzneimittel. So wurden bisher allein im Regenwald am Amazonas 650 verschiedene Pflanzenarten gefunden, die heilwirksame Substanzen enthalten.

Der tropische Regenwald ist bedroht! Um Holz oder Flächen für Felder und Weiden zu gewinnen, werden die tropischen Regenwälder rund um den Globus durch Brandrodung oder mit Maschinen im großen Stil abgeholzt. Jedes Jahr verkleinert sich der tropische Regenwald derzeit weltweit um 102 000 km² – das ist pro Jahr eine Fläche, die zweieinhalbmal so groß wie die Schweiz ist, oder pro Minute 26 Fußballfelder. Dadurch stirbt derzeit alle 30 Minuten eine Art aus und ist unwiederbringlich für alle Zeiten verloren.

Ist der tropische Regenwald einmal gerodet, ist er für immer zerstört, denn der gesamte Nährstoffgehalt ist in den Pflanzen gebunden. Zurück bleibt ein karger Boden, der durch die reichlichen tropischen Niederschläge rasch fortgeschwemmt wird.

Im Süden von Australien gedeihen die ausgedehnten Eukalyptuswälder aus über 400 verschiedenen *Eucalyptus*-Arten, in denen auch der Koala zuhause ist.

Nadelwälder in den Bergen   In den Höhenlagen der Gebirge, etwa der Alpen, herrschen dieselben klimatischen Bedingungen wie in der Taiga. Daher wachsen auch dort bis zur Baumgrenze sehr ähnliche immergrüne Nadelwälder. Als Faustregel für die Waldzonen der Nordhalbkugel gilt: 1000 Kilometer nach Norden entspricht 1000 Meter in die Höhe.

Die sibirische Taiga ist das größte zusammenhängende Waldgebiet der Erde.

Rekord-Bäume – Baum-Rekorde   Bäume sind die größten, dicksten, mächtigsten und ältesten Lebewesen, die es heute auf der Erde gibt! Mit 115,5 Metern ist der Küstenmammutbaum *(Sequoia sempervirens)* im kalifornischen Redwood-Nationalpark der höchste Baum der Erde. Über 1500 Jahre alt, aber nur 40 Meter hoch ist der dickste Baum der Erde: Der Stamm der Mexikanischen Sumpfzypresse *(Taxodium mucronatum)* im mexikanischen Ort Santa Maria del Tule hat an seiner dicksten Stelle einen Durchmesser von 14,05 Meter. 35 Kinder müssten sich mit ausgestreckten Armen die Hände reichen, um diesen Baum zu umarmen! Der »General Sherman Tree« genannte, über 2500 Jahre alte Bergmammutbaum *(Sequoiadendron giganteum)* im Sequoia National Park in Kalifornien ist der mächtigste Baum der Erde. Sein dicker Stamm wiegt über 1250 Tonnen!

Subtropischer Hartlaubwald   Nicht nur im Mittelmeerraum, sondern auch im Süden von Australien, in Kalifornien (Nordamerika), Chile (Südamerika) und Südafrika herrscht ein mediterranes Klima mit trockenen, warmen Sommern und regenreichen, milden Wintern. Dort gedeihen die immergrünen Hartlaubwälder. Bäume und Sträucher besitzen hier als Anpassung an die regelmäßig wiederkehrende Trockenheit harte, lederartige Blätter, die die Verdunstung von Wasser herabsetzen.

Einst wuchsen in Südeuropa und Nordafrika rund ums Mittelmeer ausgedehnte Wälder dieses Typs mit Stein-Eichen, Ess-Kastanien, Lorbeer und Pinien, deren Samen essbar sind. Diese Wälder wurden seit der Römerzeit zur Holz- und Ackerlandgewinnung vernichtet. Heute gibt es nur noch kleine Restbestände, vor allem in Spanien.

Sommergrüner Laubwald   In gemäßigten Klimazonen wie bei uns in Mitteleuropa, im Osten Nordamerikas und in Ostasien gedeihen die sommergrünen Laub- und Laubmischwälder. Auffallend ist ihr im Jahreslauf wechselndes Aussehen: Im Winter sind die Laubbäume kahl, im Frühling frisch grün, im Sommer dicht belaubt und im Herbst tragen sie bunte Blätter. Zum Gedeihen brauchen Laubbäume mindestens vier Monate lang Temperaturen über 10 Grad Celsius sowie eine nicht länger als vier Monate andauernde Kälteperiode.

Im Vergleich zu den tropischen Regenwäldern sind sommergrüne Laubwälder sehr artenarm. In Europa werden rund 50 Baumarten in diesem Waldtyp gezählt, in Nordamerika und Ostasien sind es ungefähr 800. Diese Artenarmut liegt auch am Eiszeitalter, in dem weite Teile Europas von Eis und Schnee bedeckt waren. Weil die Bäume sich wegen der von West nach Ost ziehenden Alpen nicht nach Süden zurückziehen konnten, starben viele Arten aus. Heute werden zahlreiche Baumarten wie Rot-Eiche, Robinie, Platane oder Douglasie von anderen Kontinenten bei uns angepflanzt.

1 Holz-Apfel: 10 m
2 Rot-Buche: 30 m
3 Stiel-Eiche: 40 m

4 Weiß-Tanne: 50 m
5 Douglasie: 63,3 m
(höchster Baum Deutschlands im Stadtwald von Freiburg)

6 Gewöhnliche Fichte: 70 m
7 Riesenmammutbaum: 83,8 m
(General Sherman Tree mit sehr dickem Stamm)

8 Riesen-Eukalyptus: 99,6 m
9 Küsten-Mammutbaum: 115,5 m

Im Hintergrund:
Dresdner Frauenkirche: 91,24 m

1

Subarktischer Nadelwald Die immergrünen Nadelwälder (in Europa und Asien Taiga genannt) bilden auf der Nordhalbkugel einen geschlossenen Waldgürtel, der von Alaska, Kanada, Skandinavien bis nach Sibirien reicht. In der Taiga wachsen nur wenige Baumarten – nur Fichten, Kiefern, Tannen und Lärchen, an manchen Stellen Birken. Das Klima wird durch lange, schneereiche Winter und kurze, meist kühle Sommer bestimmt. Wenn die Winter noch länger dauern, können keine Bäume mehr wachsen und die Taiga geht in die baumlose Tundra über.

3   4   5   6   7   8   9

Einer der auffallendsten gefiederten Waldbewohner ist der Buntspecht.

Lebensraum Wald

Schaust du dir einen Wald an, kannst du von den Wurzeln bis in die höchsten Baumkronen wie bei einem Gebäude mehrere Stockwerke entdecken. Die Pflanzen und Tiere der einzelnen Stockwerke leben in einer großen Lebensgemeinschaft beisammen, zu der jeder seinen Beitrag leistet: Bäume, Blumen und Gräser können dank ihres grünen Blattfarbstoffes neue Biomaterie produzieren, von der sich die Pflanzenfresser ernähren. Diese fallen den Fleischfressern zum Opfer. Für die Beseitigung der pflanzlichen und tierischen Abfallstoffe und Kadaver sind die Destruenten – Bakterien und andere winzig kleine Lebewesen – zuständig. Sie sind die »Müllmänner« unserer Wälder.

Den jährlichen Rhythmus der Jahreszeiten Frühling, Sommer, Herbst und Winter kannst du wegen der wechselnden Belaubung der Laubbäume besonders leicht im Wald beobachten. In jeder Jahreszeit gibt es Spannendes und Interessantes zum Erkunden.

Der für unser aller Leben so wichtige Wald leidet allerdings auch unter dem Tun der Menschen: Nicht nur die Luftverschmutzung und der Klimawandel, sondern auch der Straßen- und Siedlungsbau sowie falsche Waldwirtschaft machen ihm zu schaffen. Doch auch du kannst einiges dafür tun, damit es unseren Wäldern wieder besser geht.

Aufbau in Stockwerken

Die Raupen der Schmetterlinge sind auf bestimmte Futterpflanzen spezialisiert.

Licht im Wald Im Hochsommer erreicht nur ein ganz kleiner Teil des Sonnenlichts den Waldboden. Die Baumkronen bekommen fast 80 % des einstrahlenden Sonnenlichts. Um möglichst alles Sonnenlicht zu erhalten, richten sie ihre Blätter so aus, dass es keine Lücken gibt. Schau einmal hoch in die Baumkronen – dann kannst du das beobachten. Nur 9 % des einfallenden Sonnenlichts erreicht noch die Strauchschicht und gerade mal 2 % die Pflanzen am Waldboden. Die Blumen und Kräuter, die noch gut im Schatten gedeihen können, haben darum große Blätter. Andere blühen und bilden ihre Samen zeitig im Frühling, solange die Bäume noch keine Blätter tragen. Nun fragst du dich sicherlich, was mit den fehlenden rund 10 % Sonnenlicht geschieht: Die werden an den Blattoberflächen der Bäume in Richtung Atmosphäre reflektiert.

Vom Keller bis zum Dach

In einem Wald wachsen neben Bäumen auch Sträucher, Blumen und Kräuter sowie Moose. Da diese Pflanzen unterschiedlich hoch werden, bilden sie wie ein Gebäude mehrere Stockwerke.

Im Keller befinden sich die unterirdischen Wurzeln, zwischen denen Mäuse und Dachse ihre ausgedehnten Erdbauten graben. In den Schutz des Erdbodens ziehen sich auch Kröten, Schlangen, Echsen, Salamander, Insekten, Spinnen und viele andere Tiere am Winteranfang zurück, um dort die kalte Jahreszeit zu überdauern.

Das Erdgeschoss wird von den zarten Moospolstern, Pilzen, Flechten und dem herabgefallenen Laub gebildet, sodass ein richtiger Teppich auf dem Waldboden entsteht. In diesem vielfältigen Lebensraum kannst du besonders in der warmen Jahreszeit unzählige kleine Tiere bei ihren Aktivitäten beobachten: Tausendfüßer, Asseln,

Springschwänze, Aaskäfer, Wanzen und Schnecken sind dort zuhause. Sie sorgen dafür, dass der Wald nicht an seinem eigenen Blätter»müll« erstickt. Auch viele kleine und große Jäger findest du dort, denn Blindschleichen, Eidechsen, Salamander und Kröten, Laufkäfer und Spinnen ernähren sich von den kleinen Bodentieren.

Im ersten Stock der schattenverträglichen bunten Blumen, duftenden Kräuter, schmalen Gräser und urtümlichen Farne tummeln sich Schmetterlinge und ihre Raupen, Bienen, Wespen, Käfer, Glühwürmchen und viele andere Insekten, denen netzbauende Spinnen raffinierte Fallen stellen. Besonders üppig ist dieser erste Stock auf Waldlichtungen, am Waldrand und entlang der Waldwege, denn dort bekommen die Pflanzen mehr Licht.

Die dichten Sträucher und jungen Bäume befinden sich im zweiten Stock des Waldes. Dort leben die meisten Singvögel, die im dichten Gestrüpp Nist- und Versteckmöglichkeiten finden. An den Blättern kannst du häufig Gallen und Fraßspuren von Raupen entdecken: Ist es nicht merkwürdig, dass manche Sträucher fast kahl gefressen sind, während benachbarte Sträucher unversehrt bleiben? Das liegt daran, dass die meisten Raupen nur ganz bestimmte Pflanzenarten fressen.

Auf den Stämmen der Bäume ruht das Dachgeschoss der Baumkronen wie auf Säulen. In den höchsten Etagen unserer Wälder leben Eichhörnchen und Baummarder. Dort bauen auch Greifvögel, Eichelhäher und Ringeltauben ihre Nester, während Eulen und Spechte lieber in Baumhöhlen brüten. An den Baumstämmen kannst du nicht nur Spechte bei der Nahrungssuche beobachten, sondern auch die kleinen Kleiber und Baumläufer.

1 Im Gestrüpp baut sich die Amsel ihr Nest.
2 In den merkwürdigen Gebilden auf den Blättern wachsen die Larven von Gallwespen und Gallmücken heran.
3 Die Kapseln des Drüsigen Springkrauts springen bei Berührung auf.
4 Diese junge Erdkröte sucht am Waldboden nach Nahrung.
5 Der Dachs wohnt in einem großen Erdbau.

Wald aktiv

Vom Keller zum Dach Nicht in allen Wäldern sind auch alle Stockwerke ausgebildet. So gibt es zum Beispiel in einem Fichtenforst keine Sträucher, in manchen Buchenwäldern wegen des sommerlichen Lichtmangels keine Moos- und Strauchschicht. Besonders gut kannst du diese einzelnen Stockwerke in einem Eichen-Mischwald beobachten. Es macht Spaß, mithilfe eines Pflanzen-Bestimmungsbuches herauszufinden, wie die Pflanzenarten der einzelnen Stockwerke heißen.

nnst du die verschiedenen Stockwerke
es Waldes? In jedem Stockwerk wohnen
ere Tiere

Der Wald im Jahreslauf

Busch-Windröschen

Naturerlebnisse im Frühlingswald

- **Brutzeit:** Vogelstimmen im Wald erkennen: Vögel markieren durch ihren Gesang ihr Brutrevier, Spechte durch lautes Trommeln.
- **Frühjahrsblüher:** Dichter Blütenteppich aus Bärlauch, Busch-Windröschen, Lungenkraut, Lerchensporn und vielen anderen Blumen am Waldboden. Wie viele verschiedene Frühjahrsblüher findest du?
- **Geweihwechsel:** Rothirsche und Rehböcke werfen ihr Geweih ab – wenn du großes Glück hast, kannst du eins finden.
- **Nachwuchs:** Junge Füchse spielen vor ihrem Bau, Vogeleltern füttern ihre Jungen.

Mit dem Stethoskop hörst du Anfang März, wie der Saft in den Baumstamm schießt.

Naturerlebnisse im Sommerwald

- **Abenteuer:** Bei einer Nacht im Wald kannst du jagende Fledermäuse und Eulen erleben.
- **Mauserzeit:** Vögel wechseln ihr Gefieder – nun kannst du Federn finden.
- **Tierspurensuche:** Wildschweinsuhle und Scheuerbaum, von Raupen angefressene Blätter und leere Schmetterlingspuppen
- **Im Falllaub:** Die beste Zeit, um die kleinen Tiere am Waldboden kennenzulernen

Bei einer sommerlichen Nachtwanderung begegnen dir auch Fledermäuse. Wie Schmetterlinge fliegen sie im Zickzackflug umher, immer auf der Jagd nach kleinen Fluginsekten.

Lebendiger Wald vom Frühling bis zum Winter

Im Wald wird es nie langweilig, denn es sieht dort immer wieder anders aus! Das ganze Jahr über und rund um die Uhr kannst du Interessantes entdecken. Daher lohnt es sich, immer wieder in den Wald zu gehen und das Werden und Vergehen im natürlichen Rhythmus von Frühling, Sommer, Herbst und Winter mitzuerleben.

Frühling Wenn die Tage länger werden, erwacht der Wald aus seiner Winterruhe. Die Zugvögel kehren aus ihren Winterquartieren zu uns zurück. Früh am Morgen beginnen die Waldvögel mit ihren Gesängen, denn es müssen die besten Plätze für das Nest und ein Partner gefunden werden. Jetzt kannst du sie am besten beobachten – in den noch blattlosen Bäumen haben sie nicht so viele Versteckmöglichkeiten. Diese beenden jetzt ihre Ruhezeit: Im März rauscht der Saft von den Wurzeln in die Kronen und wirft den Motor an für das Entfalten der Blüten- und Blattknospen. Du kannst das Rauschen mit einem Stethoskop (gibt's in guten Spielzeugläden) sogar hören!

Sommer In der wärmsten Jahreszeit liegt der Wald unter dem entfalteten Blätterdach im Schatten. Dadurch sind die Temperaturen dort viel angenehmer als auf freien Feldern oder in Siedlungen. Auch die Unmengen an Wasser, die die Blätter verdunsten, kühlen die Luft ab.

Tagsüber kannst du im Wald die kleinen Tiere beobachten – Schmetterlinge, Hummeln und Fliegen auf den Blüten, Spinnen, Käfer, Asseln und viele andere kleine Bodentiere im Falllaub am Boden. Die Vögel, die nun nach dem Ende der Brutzeit ihr Gefieder wechseln, kannst du jetzt am besten früh morgens oder abends entdecken.

Nun ist auch die beste Zeit für nächtliche Erkundungstouren in den Wald, denn die meisten heimischen Säugetiere im Wald sind nachtaktiv.

Herbst Im herbstlichen Wald bereiten sich Pflanzen und Tiere auf den bevorstehenden Winter vor – die kürzer werdenden Tage sind für Eichhörnchen, Eichelhäher, Mäuse und andere Tiere das Signal, Vorräte anzulegen. Wie gut, dass nun gerade besonders viele Waldfrüchte wie Eicheln, Bucheckern oder Brombeeren reif werden.

Jetzt bereiten sich auch die Zugvögel auf die Reise in den wärmeren Süden vor. Manche Vögel, die wie der Buchfink bei uns bleiben, scharen sich nun gern mit ihren Artgenossen zusammen, denn gemeinsam haben sie in der kalten Jahreszeit mehr Überlebenschancen. Auch die Rehe bilden nun größere Herden. Bei den Rothirschen beginnt die Paarungszeit, was man in der Nacht an ihrem lauten Röhren hören kann.

Am auffälligsten zeigen die Laubbäume mit ihren bunten Blättern den Herbst an.

Winter In der kältesten Jahreszeit kannst du nur wenige Tiere im Wald beobachten. Alle kleinen Tiere wie Insekten, Spinnen, Salamander und Kröten haben sich in ihre Verstecke zurückgezogen, aus denen sie erst wieder im Frühjahr auftauchen. Für die Vögel und Säugetiere hingegen heißt es nun jeden Tag aufs Neue zu überleben. Ihre Spuren kannst du jetzt im Wald entdecken – am Boden die Trittspuren von Rehen, Wildschweinen oder Füchsen, an den Zapfen die Beißspuren von Spechten, Mäusen und Eichhörnchen.

Wald aktiv

Naturerlebnisse im Herbstwald
- **Reifezeit:** Beeren und Baumfrüchte werden reif und können gesammelt werden.
- **Laubfall:** Die Blätter verfärben sich und fallen ab.
- **Höhepunkt im Pilzjahr:** Die meisten Fruchtkörper sprießen nun. Fliegenpilze sind besonders hübsch und leicht zu finden – aber leider giftig.
- **Verbreitung:** Jungspinnen lassen sich an Spinnfäden durch die Luft zu neuen Orten transportieren.
- **Paarungszeit:** In der Nacht kannst du im Wald das laute Röhren der Rothirsche hören.

Eichhörnchen

Fliegenpilze

Wald aktiv

Naturerlebnisse im Winterwald
- **Abenteuer:** Verlassene Vogel-, Wespen- und Hornissennester entdecken
- **Tierspurensuche:** Fährten von Rehen, Wildschweinen und anderen Tieren im Schnee entdecken
- **Gäste aus dem hohen Norden:** Nach Rotdrosseln, Wacholderdrosseln und Bergfinken Ausschau halten

Für den Fichtenkreuzschnabel, der sich vor allem von den kleinen Samen der Koniferenzapfen ernährt, ist der Tisch nun so reichlich gedeckt, dass er sogar im Winter brütet und seinen Nachwuchs groß zieht.

Lebensgemeinschaft Wald

Warum gibt es im Wald so viele Pilze? Sehr viele Pilze wie etwa Pfifferlinge, Täublinge, Ritterlinge und andere leben mit Bäumen in einer engen unterirdischen Lebensgemeinschaft, die Mykorrhiza heißt. Von dieser Lebensgemeinschaft (Symbiose) profitieren beide Partner. Das feine Wurzelgeflecht der Pilze umspinnt die feinen Wurzelhaare der Bäume, sodass diese Stoffe untereinander austauschen können. Der Pilz erhält vom Baum wichtige Zuckerverbindungen und hilft seinerseits dem Baum bei der Aufnahme von Wasser und Mineralsalzen. Zudem verhindert der Pilz, dass Schädlinge in die zarten Baumwurzeln eindringen können.

Steinpilz

Warum gibt es in unseren Wäldern so wenige große Tiere? Das ist dir sicherlich auch schon aufgefallen. Nur selten kannst du im Wald ein großes Tier beobachten. Das liegt nicht nur daran, dass Hirsche, Rehe, Wildschweine und Co. nachts aktiv sind, sondern auch, das es in unseren Wäldern nicht so viel Pflanzennahrung zum Fressen gibt. Bäume und Sträucher legen einen großen Teil der produzierten Zuckerverbindungen in Holz fest, und das können nur wenige Tiere verdauen. Die Blätter hingegen hängen unerreichbar in großen Höhen. Anders ist das in afrikanischen Steppen, die für ihren Reichtum an großen Tieren mit Elefanten, Zebras, Antilopen, Giraffen und Nashörnern bekannt sind: Dort gibt es viele Gräser und Kräuter – und wegen der zahlreichen großen Pflanzenfresser auch viele große Raubtiere wie Löwen, Leoparden oder Hyänen.

Tiere und Pflanzen als Team

In einem Wald leben viele verschiedene Pflanzen, Tiere, Pilze und Mikroorganismen – große, kleine und ganz winzige Lebewesen, die man kaum sehen kann. Sie alle bilden eine Lebensgemeinschaft wie eine Stadt. Und so wie in einer Stadt gibt es auch innerhalb der Lebensgemeinschaft Wald zahlreiche Netzwerke und verschiedene Kreisläufe. Am einfachsten zu erkennen sind die Nahrungskreisläufe, die aus den Pflanzen als Produzenten, Tieren als Konsumenten sowie Mikroorganismen, Pilzen und dem Heer der Bodentiere als Destruenten bestehen.

Alle grünen Pflanzen sind die fast alleinigen Stoffproduzenten der Erde, denn nur sie können mithilfe der Sonnenenergie aus Luft und Wasser Biomasse produzieren. Das Geheimnis ihres einzigartigen Könnens liegt in den Blättern, die den grünen Blattfarbstoff Chlorophyll (Blattgrün) enthalten. Dort werden aus dem Kohlendioxid der Luft und dem Wasser, das die Wurzeln aus dem Boden aufnehmen und in den Leitungsbahnen des Baums zu den Blättern transportieren, Zuckerverbindungen hergestellt. Die Energie für diesen Prozess, der Fotosynthese heißt,

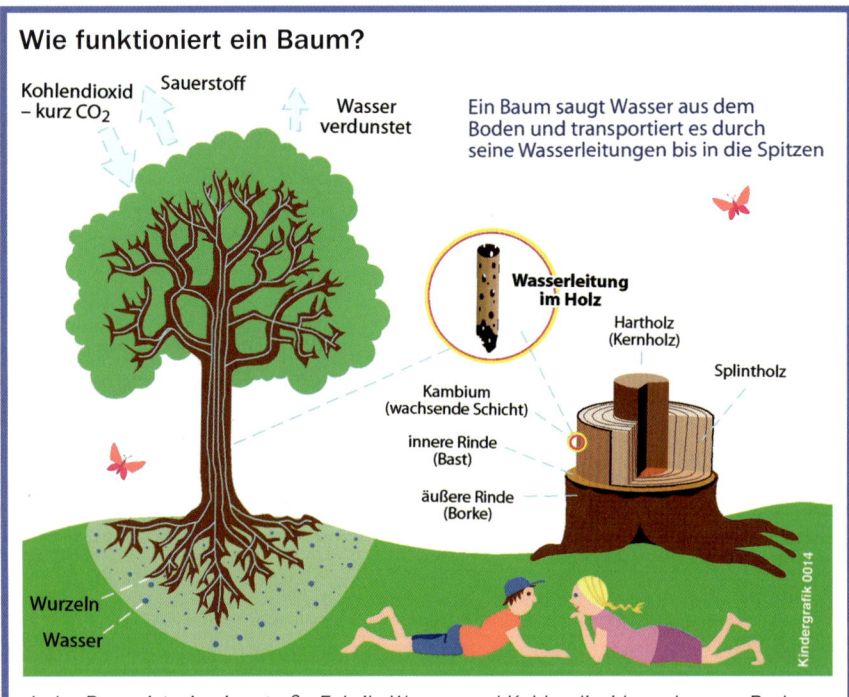

Wie funktioniert ein Baum?

Kohlendioxid – kurz CO$_2$

Sauerstoff

Wasser verdunstet

Ein Baum saugt Wasser aus dem Boden und transportiert es durch seine Wasserleitungen bis in die Spitzen

Wasserleitung im Holz

Hartholz (Kernholz)

Splintholz

Kambium (wachsende Schicht)

innere Rinde (Bast)

äußere Rinde (Borke)

Wurzeln

Wasser

Kindergrafik 0014

Jeder Baum ist wie eine große Fabrik. Wasser und Kohlendioxid werden aus Boden und Luft an den Baum geliefert, der daraus Zuckerverbindungen herstellt. Die Abgase eines Baumes sind Sauerstoff, den Tiere und Menschen zum Atmen brauchen.

liefert die Sonne. Aus den Zuckerverbindungen bilden die Pflanzen dann zusammen mit Nährsalzen, die auch mit den Wurzeln aufgenommen werden, weitere Verbindungen wie Eiweiße oder Fette – die Bäume und Sträucher auch das Holz.

Alle Lebewesen, die kein Blattgrün enthalten, können keine Fotosynthese betreiben und müssen folglich andere Lebewesen fressen. Bei den Pflanzenfressern sind dies Blätter, Früchte, Samen, Triebe und andere Pflanzenteile, bei den Fleischfressern hingegen andere Tiere – und Allesfresser wie Wildschweine oder Dachse ernähren sich von beidem.

Sowohl die Pflanzen als auch die Tiere produzieren jede Menge Müll: Jedes Jahr im Herbst verlieren die Laubbäume ihre Blätter, Kräuter, Blumen und Gräser sterben ab. Tiere scheiden die verdaute Nahrung als Kot aus und werden nach ihrem Tod ganz oder teilweise zu Kadavern. Diesen Biomüll entsorgen die sogenannten Destruenten, kleine Bodentiere, Pilze und Mikroorganismen, die sich von dem ernähren, was andere ausscheiden oder abwerfen. Daraus machen sie wertvollen nährsalzhaltigen Humus, den sie dem Boden als Dünger zuführen. Diese Nährsalze nehmen wiederum die Bäume und Pflanzen auf, um – richtig geraten! – über die Fotosynthese Biomasse aufzubauen. Und so schließt sich der Nahrungskreislauf.

Bäume bieten Tieren nicht nur Nahrung, sondern auch Brut- und Nistplätze, Verstecke und Unterschlupfplätze. Eichen sind besonders beliebt – über 2000 verschiedene Tierarten kannst du auf diesen Bäumen entdecken.

Nahrungskreislauf — wer frisst wen?

Raupe Zitronenfalter — Waldlaubsänger
Blatt Faulbaum — Sperber
Humus — toter Sperber
Bakterie — Totengräber
Springschwanz — Großes Mausohr
Kot Baummarder — Baummarder

Die Raupe des Zitronenfalters ernährt sich von Faulbaumblättern und wird von einem Waldlaubsänger gefressen. Dieser wird Opfer eines Sperbers, der nach seinem Tod von Totengräbern und deren Larven verzehrt wird. Die Fledermaus erbeutet den Käfer. Baummarder jagen Eichhörnchen und auch Fledermäuse. Von dem Kot des Baummarders ernähren sich Springschwänze, deren Kot von Bakterien zu Humus zersetzt wird. Humus liefert die Nährstoffe für den Faulbaum.

Mehr als nur Bäume

Das Klettern in Waldseilgärten und Höhenlehrpfaden macht riesigen Spaß. Im Haus des Waldes in Hundisburg gibt es einen Hochseilparcours, der dir den Wald aus Eichhörnchenperspektive zeigt! Auf Seite 63 findest du viele weitere tolle Wald-Erlebnistipps.

Hunde an die Leine Wegen der zahlreichen Jungtiere im Wald müssen Hunde vom 1. April bis zum 15. Juli angeleint werden. Bist du mit deinem Hund im Wald unterwegs, solltest du ihn aber besser immer an die Leine nehmen. Im Gebüsch verstecken sich gern Wildtiere, die dein Hund mit seiner feinen Nase sehr wohl wahrnimmt und die ihn zur Jagd verführen können.

Holz wird als Energielieferant in Zukunft sicherlich noch wichtiger werden, denn es gilt als »klimaneutral« – d. h., wenn so viel Holz nachwächst, wie wir verbrennen, entsteht kein zusätzliches CO_2.

Warum Wälder so wertvoll sind

Viele Menschen verbringen ihre Freizeit gern in unseren Wäldern. Dort finden sie bei ausgedehnten Spaziergängen Ruhe und Entspannung oder betreiben einen Sport wie Joggen, Walken, Biken oder Reiten.

Die abgeholzten Baumstämme am Wegesrand zeigen dir deutlich die zweite wichtige Funktion unserer Wälder: Holz ist ein wertvoller nachwachsender Rohstoff für Häuser, Möbel und Papier sowie als Brennmaterial.

Doch Wälder sind noch viel mehr als nur Freizeitparadiese oder Holzlieferanten. Sie spielen eine ungemein wichtige Rolle für das Klima. Wälder sind nach den Algen der Ozeane die größten Sauerstoffproduzenten der Erde. Außerdem filtern Bäume Schadstoffe aus der Luft: Staub und andere Schwebteilchen, die sich auf den Blättern absetzen, werden mit dem nächsten Regen abgewaschen und in den Boden gespült. Wälder reduzieren auf natürliche Weise den Kohlendioxidgehalt der Atmosphäre, denn die Bäume entziehen der Luft bei der Fotosynthese Kohlendioxid und schließen es in ihrem Holz ein (siehe auch Seite 24).

Auch im Wasserkreislauf spielen Wälder eine große Rolle. Das im Boden versickernde Regenwasser kann zwischen den dichten Wurzeln nicht abfließen und wird wie von einem Schwamm festgehalten. Ein Teil dieses Was-

Im Wasserkreislauf spielt der Wald eine wichtige Rolle, wie hier zu sehen.

sers bildet das Grundwasser, ein anderer tritt als Quelle wieder hervor und speist Bäche und Flüsse. Ohne Wälder gäbe es in manchen Gegenden kein Trinkwasser. Ein weiterer Teil wird wieder von den Bäumen aufgenommen. Jeder Baum verdunstet täglich bis zu 600 Liter Wasser, das er der Atmosphäre zurückführt. So können Wälder Hochwasserkatastrophen mildern und verhindern, dass der Boden mit dem Wasser fortgeschwemmt wird. Wie wichtig Wälder zum Schutz vor Bodenerosionen sind, kannst du besonders gut an Hanglagen erkennen: Dort, wo Wälder stehen, bleibt der Boden erhalten, während er an gerodeten Hängen abgetragen wird. Hier kommt es immer wieder zu teils sehr gefährlichen Erdrutschen.

Wie positiv Wälder das Klima verändern, spürst du hautnah bei jedem Besuch im Wald: An heißen Sommertagen ist es im Wald angenehm frisch, denn die Bäume spenden Schatten und das Wasser, das die Blätter verdunsten, kühlt die Luft. Im Winter, nachts und an windigen Tagen ist es im Wald wärmer, denn die Bäume verhindern, dass sehr viel Wärme ins Weltall abgestrahlt wird, und bremsen den Wind.

Tausende von Tier- und Hunderte von Pflanzenarten sind im Wald zu Hause. Während einstige Waldtiere wie Amseln, Rotkehlchen, Kohlmeisen auch in den Gärten unserer Siedlungen heimisch geworden sind, können andere wie Schwarzspecht, Haubenmeise oder Hirschkäfer nicht ohne Wald existieren.

Schließlich liefert der Wald den Menschen auch heute noch Nahrung. Viele begehrte Speisepilze wie Steinpilze oder Pfifferlinge wachsen nur im Wald. Wildschweine, Rehe und Hirsche liefern fettarmes Wildfleisch.

Heftige Regenfälle führten im März 2009 zu einem katastrophalen Erdrutsch in Indonesien. Bergwälder sind der beste Schutz vor solchen Naturgewalten.

Eine Rot-Buche im Sommer Eine ausgewachsene, etwa 25 m hohe Rot-Buche besitzt ungefähr 800 000 Blätter, die eine Fläche von über 1500 Quadratmeter ergeben. Dieser Baum setzt an einem sonnigen Tag in jeder Stunde rund 1300 Liter Sauerstoff frei – das ist etwa so viel, wie 50 Menschen in derselben Zeit verbrauchen. Gleichzeitig bindet dieser Baum in einer Stunde 2,352 kg Kohlendioxid aus der Luft und stellt daraus 1,6 kg Zuckerverbindungen her.

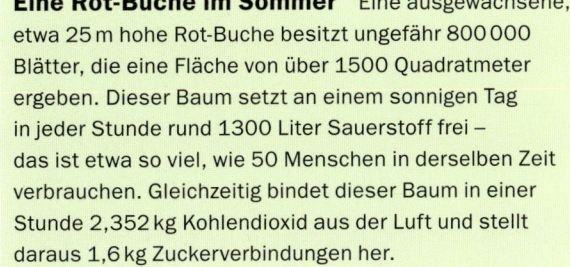

Wald und Umweltschutz

Woran merkt man, ob ein Baum krank ist? Der Förster erklärt das so: Einen kranken Baum erkennst du daran, dass die Blätter oder Nadeln vergilben und viel früher abgeworfen werden als üblich. So bleiben bei Fichten die Nadeln normalerweise bis zu 10 Jahre am Baum. Kranke Laubbäume bilden auch viel kleinere Blätter, die sich manchmal sogar einrollen, während die Nadelblätter der Nadelbäume oft merkwürdig geformt sind. Kranke Bäume bilden in ihrer Not oft auch ganz viele Früchte und Samen – denn dadurch können mehr neue Bäume keimen.

Dieser Wald ist tot. Nur noch kahle Stämme ragen in den Himmel.

Laubbäume sind stärker geschädigt als Nadelbäume.

Was ist saurer Regen? Bei der Verbrennung von Kohle und Erdöl entsteht u. a. auch Schwefeldioxidgas, das sich in der Atmosphäre zu Schwefelsäure umwandelt. Diese Säure macht den Regen sauer – in manchen Gebieten fällt Regen, der so sauer wie Essig ist! Dadurch versauert der Boden und die Säure kann giftige Schwermetallionen freisetzen, die die Wurzeln schädigen. Dann können diese nicht mehr so gut Wasser und Mineralsalze aufnehmen und der Baum wird krank.

Aus diesem Industrieschornstein wabern dicke Abgaswolken in den Himmel. Russpartikel färben sie dunkel. Gefährlicher sind die unsichtbaren Schwefeldioxid- und anderen Gase, die die Luft vergiften.

Wenn Wälder krank werden

1980 entdeckten Förster zum ersten Mal in den bayerischen Bergwäldern unzählige kranke Fichten. Zunächst dachten die Experten, dass dort eine neuartige Fichtenkrankheit aufgetaucht sei – doch bald stellte sich heraus, dass nicht nur Fichten, sondern auch Tannen und andere Waldbäume krank waren. Über 50 % unserer Wälder wiesen damals große Schäden auf und die Angst vor einem Waldsterben ging um. Bald war auch der Verursacher für die kranken Bäume gefunden: saurer Regen.

In den seit 1983 jährlich vom Bundesministerium für Verbraucherschutz, Ernährung und Landwirtschaft veröffentlichten Berichten über den Zustand unserer Wälder kannst du nachlesen, dass heute über ein Viertel der heimischen Waldflächen deutlich geschädigt ist. Nicht nur die versauerten Böden machen den Bäumen zu schaffen, sie leiden auch wegen der Schadstoffe in Auto- und Industrieabgasen, dem Klimawandel (siehe Seite 30–31) und dem Straßenverkehr.

Immer mehr Straßen und Siedlungen zerschneiden die Wälder, so dass die Waldtiere und -pflanzen zunehmend ein Inseldasein führen. Auch dies hat den rasanten Schwund an Tier- und Pflanzenarten bei uns zur Folge, den die Biologen schon seit Jahren sorgenvoll beobachten.

Vor etwa 50 Jahren wurden große Waldflächen gerodet und mit schnell wachsenden Fichten bepflanzt. So erhofften sich die Waldbesitzer größere Gewinne, weil sie schneller das Holz verkaufen konnten. Doch bald schon

Im Winter ist Nahrung Mangelware. Dann fressen hungrige Rehe gern die jungen Knospen der Bäume ab.

zeigten sich negative Folgen in diesen Monokulturen, wie man solche Anpflanzungen von nur einer Nutzpflanzenart nennt: Weil ihre natürlichen Gegenspieler fehlten, konnten sich Borkenkäfer wie Buchdrucker oder Kupferstecher und die Raupen mancher Nachtfalter wie Kieferneule, Schwammspinner oder Nonne massenhaft vermehren. Sie zerstörten das Holz oder fraßen ganze Bäume kahl. Die in Reih und Glied stehenden Bäume konnten auch viel leichter von heftigen Stürmen angegriffen werden. In manchen Gebieten fiel einem einzigen Sturm die komplette Holzernte eines oder sogar mehrerer Jahre zum Opfer.

Doch aus diesen Schäden haben die Menschen gelernt. Naturnahe Mischwälder mit jungen und alten Bäumen, an deren Waldrändern Sträucher wachsen, widerstehen viel besser den Stürmen und verhindern das massenhafte Auftreten einzelner Schädlinge.

Ein weiteres Problemthema im Wald ist das Wild. Viele Förster beklagen besonders nach harten Wintern große Schäden an jungen Bäumen, die durch den großen Bestand an Rehen und Hirschen verursacht werden. Wird die Nahrung knapp, knabbern die Tiere nämlich gern an Rinde und Knospen – und so mancher Baum, dessen Rinde stark beschädigt ist, stirbt ab.

Siehst du im Wald einen solchen Kasten wie auf dem rechten Foto, hast du eine Pheromonfalle entdeckt. In diesem Kasten befindet sich ein Duftstoff, der die männlichen Borkenkäfer anlockt. So können bei größerem Befall rechtzeitig Bekämpfungsmaßnahmen ergriffen werden. Das linke Foto zeigt die Fraßgänge eines Borkenkäfers in einem Baumstamm.

Was kannst du für den Wald tun?
- Nistkästen für Vögel und Fledermäuse aufhängen
- Aktion Eichhörnchen: Eicheln säen
- Recyclingpapier verwenden
- Bei Müllsammelaktionen im Wald helfen
- Bei einer Naturschutz-Kindergruppe aktiv werden. Die gibt es bei Umweltschutzorganisationen wie NABU, BUND oder Greenpeace (Internetadressen findest du im Anhang).

Über eine Wildbrücke können Rehe, Hirsche und andere Waldtiere gefahrlos eine Straße überqueren.

Saurer Regen vertreibt Schmetterlinge Der Regen enthält nicht nur Säure, sondern auch Dünger in Form von gasförmigen Stickstoffverbindungen, die aus Gülle und den Abgasen von Motoren stammen. So werden heutzutage im Waldboden Düngermengen gemessen wie in den 1950er-Jahren im Ackerboden. Wenn du nun denkst, viel Dünger sei doch gut, so täuschst du dich: Brennnesseln und andere stickstoffliebende Pflanzen können in stickstoffhaltigem Boden gut gedeihen, aber viele Pflanzen gehen darin ein. So verschwinden viele Kräuter aus unseren Wäldern und mit ihnen die Tiere, die sich von ihnen ernähren. Ganz besonders leiden die Schmetterlinge darunter, denn die meisten Raupen sind strenge Futterspezialisten, die nur wenige Pflanzenarten fressen – und wo diese Pflanzen nicht mehr wachsen, gibt es auch die Schmetterlinge nicht mehr.

In einem gesunden Wald leben die Pflanzen und Tiere in einem natürlichen Gleichgewicht.

Immer wieder setzen sich engagierte Menschen für den Wald ein und machen klar, wie wichtig er für ein gesundes Klima auf der Erde ist, hier zum Beispiel während der UN-Klimakonferenz 1999.

Wald und Klimawandel

Die meisten Klimaexperten sind sich einig, dass das Klima derzeit einem Wandel unterliegt und der Mensch dies durch sein Tun in großem Maße mit verursacht hat. Daher liegt es nach deren Meinung auch in der Hand der Menschen, den Klimawandel zu bremsen – ganz zu stoppen ist er wohl nicht mehr.

Der Klimawandel hat mehrere Ursachen: Bei der Verbrennung von Kohle, Erdöl und Erdgas in Motoren, Heizungs- und Industrieanlagen steigt der Kohlendioxidgehalt der Atmosphäre, durch große Rinderherden zur Fleischgewinnung der Methangehalt unserer Lufthülle. Kohlendioxid und Methan sind klimawirksame Gase, die den sogenannten Treibhauseffekt bewirken. So wie in einem Gewächshaus aus Glas wird weniger Wärme ins Weltall abgestrahlt – die Temperatur auf der Erde steigt.

Auch das Abholzen gewaltiger Flächen tropischen Regenwalds und der Nadelwälder im hohen Norden bewirkt eine Erhöhung des Kohlendioxidgehalts, denn die gefällten Bäume können kein Kohlendioxid aus der Luft mehr in ihrem Holz fixieren (siehe Seite 24–25).

Erschreckend ist dabei nicht die Tatsache, dass sich das Klima ändert, sondern das Tempo, in dem sich das vollzieht. Innerhalb von nur einem Jahrhundert stieg bei uns die durchschnittliche Temperatur um 0,8 Grad Celsius – normalerweise dauert es

Der Treibhauseffekt

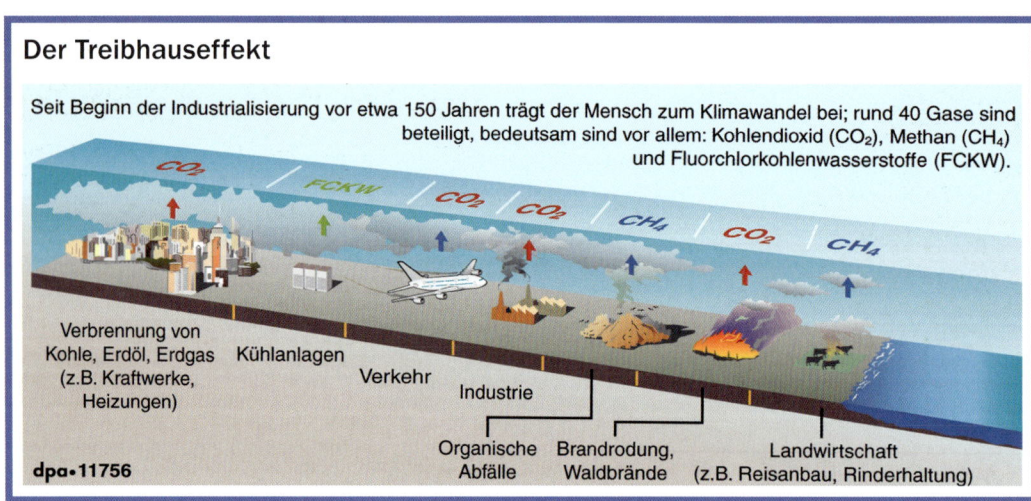

Seit Beginn der Industrialisierung vor etwa 150 Jahren trägt der Mensch zum Klimawandel bei; rund 40 Gase sind beteiligt, bedeutsam sind vor allem: Kohlendioxid (CO_2), Methan (CH_4) und Fluorchlorkohlenwasserstoffe (FCKW).

CO_2 FCKW CO_2 CO_2 CH_4 CO_2 CH_4

Verbrennung von Kohle, Erdöl, Erdgas (z.B. Kraftwerke, Heizungen)   Kühlanlagen   Verkehr   Industrie   Organische Abfälle   Brandrodung, Waldbrände   Landwirtschaft (z.B. Reisanbau, Rinderhaltung)

dpa·11756

viele tausend Jahre, bis eine solche Temperaturänderung vonstatten geht. In den nächsten 100 Jahren kann die Temperatur bei uns um weitere bis zu 4 Grad Celsius ansteigen.

Die Folgen dieser winzig erscheinenden Temperaturerhöhung sind jetzt schon deutlich spürbar, auch bei uns: Laubbäume leiden unter den trockeneren, heißeren Sommern und kälteliebende Waldbäume wie Tannen oder Fichten ziehen sich in die Höhenlagen der Berge zurück.

Wärmeliebende, ursprünglich im Mittelmeerraum heimische Arten machen sich schon heute bei uns breit, wie das massenhafte Auftreten der Eichenprozessionsspinner zeigt. Eine Klimaerwärmung bedeutet auch, dass zukünftig extreme Wetterlagen zunehmen: Es wird bei uns mehr Orkane und mehr Überschwemmungen geben.

Damit wir auch in Zukunft noch ein Waldland bleiben, ist es umso wichtiger, dass neben der Senkung der treibhauswirksamen Gase auch die Schadstoffbelastung der Luft weiter gesenkt und ein naturnaher Wald gefördert wird. Denn nur dieser ist robust genug, um sich an die Herausforderungen des Klimawandels anzupassen.

Was muss es in einem Wald geben, damit sich dort viele Pflanzen und Tiere wohlfühlen?

Der NABU-Waldexperte Johannes Enssle antwortet:
Das Wichtigste ist, dass einige Bäume im Wald so richtig alt werden können. Je dicker, älter und ramponierter ein Baum ist, desto besser. Denn viele Tiere und Pflanzen leben in den Höhlen und im morschen Holz der alten Bäume.

Wenn ein alter Baum stirbt, macht er wieder Platz für junge Bäume. Dieses bunte Durcheinander von jung und alt, von Wachsen und Zerfallen, sorgt für unendlich viele Nischen, in denen sich die Tiere und Pflanzen sehr wohl fühlen.

Viele Tiere mögen es auch, wenn es im Wald verschiedene Straucharten gibt und auch seltenere Bäume wie die Eibe oder die Mehlbeere. Eine Wiese oder ein Bächlein zwischendrin macht den Wald für Tiere und Pflanzen noch vielfältiger.

Mehr dazu findest Du auf **www.nabu.de**. Dort erfährst du auch, was du im Alltag tun kannst, um den Wald zu schützen.

Der Klimawandel hat auch für unsere Vögel ernste Folgen, zum Beispiel für den Kuckuck. Da die Vögel nun früher im Jahr brüten, findet er nach seiner Rückkehr aus Afrika in den Nestern seiner Wirtsvögel keine Eier mehr, sondern schon Jungvögel, und kann kein Ei mehr hineinmogeln.

Orkane wie Lothar, Kyrill oder Xynthia vernichten große Waldflächen, trocken-heiße Sommer lassen Bäume absterben, ebenso Überschwemmungen.

Unser Wald soll sauber bleiben: Mit großem Einsatz sammeln die Kinder den Abfall auf, den andere achtlos einfach fallen ließen. Wenn jeder seinen Müll mit nach Hause nimmt, gehören solche Aktionen bald der Vergangenheit an

Hoch hinaus: das Blätterdach eines Buchenwaldes

Alles, was im Wald wächst

Bäume sind die prägnantesten Pflanzen im Wald, denn ohne sie gäbe es keinen Wald. Bäume triffst du überall im Wald an: Sie reichen von den Wurzeln im Erdreich bis zu den Spitzen der 40 oder gar 50 Meter hohen Baumkronen. In vielen Wäldern bilden niedrige Sträucher oder junge Bäume ein undurchdringliches Gestrüpp. Weil es sich unterhalb der holzigen, in die Höhe ragenden Baumstämme befindet, wird es auch Unterholz genannt.

Nach den Blättern werden die Bäume in Laub- und Nadelbäume eingeteilt. Die Blätter der Laubbäume sind flächig ausgebreitet, die der Nadelbäume hingegen sind starre, schmale Nadeln oder unscheinbare Schuppenblätter. Weil die Stämme, Äste und Zweige verholzen, nennt man die Bäume auch Gehölze. Sträucher sind auch Gehölze, aber sie bilden keinen dicken Stamm aus wie die Bäume, sondern wachsen buschig. Sträucher wachsen im Wald nur dort, wo genügend Licht durch die Baumkronen fällt, sowie am Waldrand.

Den Waldboden erreicht wenig Licht. Dort gedeihen nur Schattenspezialisten wie Farne, Moose oder Pilze (die eigentlich nicht zu den Pflanzen gehören, sondern neben Tieren und Pflanzen ein weiteres Reich bilden), die an einem zu hellen Standort eingehen würden. Blumen und Kräuter verfolgen eine andere Strategie: Sie blühen ganz früh im Jahr, bevor die Laubbäume Blätter tragen. Darum findest du im März und April die meisten blühenden Pflanzen im Wald. Wenn es dann ab Mai am Waldboden richtig schattig wird, haben diese Blütenpflanzen schon Samen gebildet. Auf Lichtungen, am Waldrand und entlang der Waldwege kannst du im Sommer und Herbst die meisten Blumen und Kräuter entdecken, denn dort ist es heller als unter den Baumkronen.

Laubbäume

Wassertransport im Baum

Die Wurzeln nehmen das Wasser aus dem Boden auf. In den Leitungsbahnen wird es dann zu den Blättern geleitet, wo es durch die Spaltöffnungen verdunstet.

Warum werden im Herbst die Blätter bunt?

Das Blattgrün, auch Chlorophyll genannt, ist wie ein kleines Chemielabor, in dem der Baum seine Energie produziert. Im Herbst ziehen die Laubbäume das wertvolle Blattgrün aus den Blättern und transportieren es in Stamm und Wurzeln. Dort wird es für die nächste Blättergeneration gespeichert. Ohne Blattgrün werden die roten und gelben Farbstoffe sichtbar, die zuvor von diesem grünen Farbstoff überdeckt waren.

Jede männliche Blüte der Eiche bildet rund 40 000 Pollenkörner, die der Buche rund 12 000. Nadelbäume produzieren noch mehr Pollen: Jede männliche Fichtenblüte bildet rund 200 000 Pollen.

Unterwegs im Laubwald

Zu den Laubbäumen gehören alle Baumarten mit flächig ausgebreiteten Laubblättern. Ihre grüne Farbe verdanken sie dem Blattgrün. Mithilfe dieser Substanz werden in den Blättern aus Wasser und Kohlendioxid die lebensnotwendigen Zuckerverbindungen aufgebaut. Die Energie für diesen Vorgang, der Fotosynthese heißt, liefert das Sonnenlicht. Damit die Blätter so viel Sonnenlicht wie möglich einfangen können, bilden sie ein geschlossenes Laubdach.

Ein stabiler Stamm aus festem Holz trägt die mehr oder weniger verzweigte Krone aus Ästen und Zweigen. Wurzeln reichen tief und weitläufig in den Erdboden und verankern den Baum. Feinste Wurzelhärchen nehmen, oft mithilfe von Pilzen, die notwendigen Nährsalze und Wasser auf, das in den Leitungsbahnen zu den Blättern transportiert wird. Dort verdunstet das Wasser. Bei einem großen Baum können das an einem Sommertag mehrere Hundert Liter Wasser sein. Da bei der Verdunstung von Wasser Kälte entsteht, ist es im Wald auch bei Hitze stets recht angenehm und kühl.

Obwohl die Laubbäume zu den Blütenpflanzen gehören, bilden nur die wenigsten Waldbäume auffallende Blüten aus. Außer Ahorn und Linde vertrauen die meisten Laubbäume und alle Nadelbäume im Wald das Übertragen des bestäubenden Pollens nicht Bienen oder Schmetterlingen an, sondern dem Wind. Die unscheinbaren Blüten von Buche, Eiche, Pappel und Esche produzieren Unmengen an gelbem Blütenstaub, die mit dem

Rot-Buche

Stieleiche

Wind davongeweht werden. Damit möglichst alle weiblichen Blüten bestäubt werden, bilden windbestäubende Bäume riesige Mengen an Pollen und blühen vor dem Erscheinen der Laubblätter. Denn diese könnten ja den umherfliegenden Pollen im Weg stehen. Aus den bestäubten und befruchteten Blüten entwickeln sich die Baumfrüchte wie Bucheckern und Eicheln. Sie sind wichtige Nahrung für die Waldtiere.

Sommergrüne Laubwälder sind die natürlichen Wälder in Mitteleuropa. Erst in größeren Höhen gibt es immer weniger Laubbäume und der Anteil an Nadelbäumen nimmt zu. Sommergrüne Bäume tragen nur im Sommerhalbjahr grüne Blätter. Bei uns behalten nur wenige Gehölze wie der immergrüne Efeu ihre Blätter das ganze Jahr über.

Im Herbst bereiten sich nicht nur die Tiere, sondern auch die Laubbäume auf den bevorstehenden Winter vor. Bäume nehmen nicht die kälteren Temperaturen wahr, sondern die kürzer werdenden Tage. In den Pflanzenzellen gibt es Phytochrome, das sind lichtempfindliche Eiweiße, die auf Sonnenlicht reagieren. So können Bäume und andere Pflanzen feststellen, wie lange jeder Tag dauert.

Mit dem fortschreitenden Herbst werfen bei uns die Bäume dann die Blätter ab. Blätter verdunsten nämlich viel Wasser. Da im Winter aber der Boden gefroren ist, können die Wurzeln kein Wasser aufnehmen. Folglich würde der Baum ohne Wassernachschub von den Wurzeln bald verdursten.

In vielen Kulturen sind Bäume besondere Wesen. Die aufrecht stehenden Bäume verkörpern die für jeden Menschen erstrebenswerte Haltung: gut verwurzelt im Boden und die Krone hoch oben im Licht. Unter besonders imposanten Laubbäumen fanden Gerichtsverhandlungen statt, wurden wichtige Entscheidungen getroffen und ausgelassene Feste gefeiert.

Die häufigsten Laubbäume in heimischen Wäldern

Rot-Buche (*Fagus sylvatica*)
- *Höhe:* bis zu 45 m
- *Merkmale:* glatter, grauer Stamm, ovale Blätter, dreikantige Bucheckern in stacheliger Hülle
- *Wissenswertes:* in unseren Wäldern der häufigste Laubbaum; liefert hartes Holz für Möbel, Treppen und Bahnschwellen

Stiel-Eiche (*Quercus robur*) und **Trauben-Eiche** (*Quercus petraea*)
- *Höhe:* bis zu 35 m
- *Merkmale:* knorriger Wuchs, gelappte Blätter, Eicheln (sitzen bei der Stiel-Eiche an langen Stielen, bei der Trauben-Eiche an kurzen)
- *Wissenswertes:* bekanntester Baum unserer Wälder, kommt in vielen Gedichten, Märchen und Sagen vor; kann bis zu 1000 Jahre alt werden; wird von vielen Tieren bewohnt, die die Eiche im Namen tragen (Eichhörnchen, Eichelhäher); liefert besonders haltbares, wertvolles Holz für Weinfässer, Balken und Möbel; früher Bauholz für Schiffe

Berg-Ahorn (*Acer pseudoplatanus*) und
Spitz-Ahorn (*Acer platanoides*)
- *Höhe:* bis zu 30 m
- *Merkmale:* handförmig gelappte Blätter, geflügelte Nussfrüchte, die je zu zweit zusammenstehen
- *Wissenswertes:* besonders leuchtend rot und gelb gefärbte Blätter im Herbst; liefert helles Holz für Küchenbrettchen und Brotzeitteller, das gut zu reinigen ist

An den Ufern von Bächen und Flüssen wachsen Bäume, deren Wurzeln es wenig ausmacht, wenn sie die meiste Zeit im Wasser stehen. Mit dieser Staunässe kommen die Schwarz-Erle (*Alnus glutinosa*), die Gemeine Esche (*Fraxinus excelsior*) und der Spitz-Ahorn besonders gut aus.

Berg-Ahorn

Erle

Sträucher und Nadelbäume

Die häufigsten Nadelbäume in heimischen Wäldern

Gemeine Fichte *(Picea abies)*
- *Höhe:* bis zu 45 m
- *Merkmale:* dunkelgrüne, vierkantige, spitze Nadeln, hängende Zapfen
- *Wissenswertes:* wächst schnell und ist dadurch der größte Holzlieferant (Bauholz, billige Möbel); sehr harzreiches Holz

Wald-Kiefer, Föhre *(Pinus sylvestris)*
- *Höhe:* bis zu 40 m
- *Merkmale:* blaugrüne, lange Nadeln in Zweierbündeln, eiförmige Zapfen
- *Wissenswertes:* sehr harzreiches Holz; liefert schönes Holz für Möbel, Fenster, Türen und Innenausbau

Weiß-Tanne *(Abies alba)*
- *Höhe:* bis zu 50 Meter hoch
- *Merkmale:* flache, nicht stechende, oben dunkelgrüne Nadeln mit zwei weißen Streifen auf der Unterseite, aufrecht stehende Zapfen
- *Wissenswertes:* der höchste heimische Nadelbaum; liefert gutes Bauholz. Die nah verwandte Nordmann-Tanne wird als Weihnachtsbaum angepflanzt.

Europäische Lärche *(Larix decidua)*
- *Höhe:* bis zu 35 m
- *Merkmale:* in Büscheln stehende frischgrüne Nadeln, rundliche Zapfen
- *Wissenswertes:* der einzige heimische Nadelbaum, dessen Nadeln im Herbst abfallen; braucht viel Licht; widerstandsfähiges Holz z. B. für Terrassendielen

Gemeine Eibe *(Taxus baccata)*
- *Höhe:* bis zu 15 m
- *Merkmale:* ledrig biegsame tief dunkelgrüne Nadeln, dunkle, von einem roten, fleischigen Mantel umgebene Samen
- *Wissenswertes:* alle Pflanzenteile sind sehr giftig; wächst auch buschig; lieferte früher schweres, hartes Holz für Bogen, Armbrüste und Drechselarbeiten

Unterwegs im Nadelwald

Nadelbäume, die auch Koniferen heißen, bilden schmale, starre Nadelblätter. Weil die Nadeln rundum mit Wachsen bedeckt sind, verdunsten sie nur wenig Wasser. Daher behalten alle Nadelbäume bis auf die Lärche ihre Blätter das ganze Jahr über und sind immergrün.

Nadelbäume sind in den höheren Lagen der Gebirge die häufigsten Bäume. Sie sind robust und können kühleres, raues Klima und längere Winter besser ertragen als die empfindlicheren Laubbäume. Durch die Erwärmung des Klimas können die Nadelbäume immer weniger in tieferen Lagen der Mittelgebirge gedeihen. Dadurch ist derzeit bei uns ein Rückgang der Fichten, Tannen und anderer Nadelbäume zu beobachten.

Die neuen Blätter, die im Frühjahr gebildet werden, sind an der frisch hellgrünen Farbe zu erkennen. Die Nadeln bleiben bis zu acht Jahre am Baum, bevor sie herabfallen. Da sich die Nadelblätter wegen der schützenden Wachsschichten nur ganz schwer und sehr langsam zersetzen, bilden sich in reinen Nadelwäldern dichte Nadelteppiche am Boden.

Die Blüten der Nadelbäume sind unscheinbar, denn auch sie vertrauen die Bestäubung dem Wind an. Nadelbaumblüten bilden enorme Mengen an Pollen, der sich in waldreichen Gebieten im Frühjahr als gelbe Schicht auf Pfützen ansammelt. Die Früchte der Nadelbäume sind meist zapfenförmig.

Weiß-Tanne

Wald-Kiefer

Gemeine Fichte

Die Gemeine Fichte ist der häufigste Waldbaum bei uns, gefolgt von der Wald-Kiefer. In Bayern beispielsweise ist fast jeder zweite Waldbaum eine Fichte und jeder vierte Baum eine Kiefer.

Nicht ganz so hoch wie die mächtigen Bäume werden die Sträucher, die keinen Stamm besitzen. Stattdessen verzweigen sich ihre verholzenden Äste schon am Boden. Die buschigen Sträucher bilden im Wald das sogenannte Unterholz. Für die Tiere ist dies ein wichtiger Lebensraum, denn dort finden sie viel Nahrung, Nist- und Brutmöglichkeiten sowie schützende Verstecke.

Manche Sträucher wie die Heidelbeere bleiben so klein wie Blumen und Kräuter. Andere wie der Efeu erklimmen kletternd selbst die höchsten Bäume. Viele Sträucher entwickeln duftende Blüten und saftige Früchte, die häufig in knalligen Farben leuchten. Damit locken sie Vögel und andere Tiere an, die die Früchte verspeisen und mit ihrem Kot den Samen an einer anderen Stelle wieder ausscheiden. So können sich die Sträucher verbreiten. Doch Vorsicht, auch wenn viele Früchte lecker aussehen, sind nicht alle für den Menschen essbar. Viele giftige Früchte sehen wie Kirschen aus, etwa die von Tollkirsche, Heckenkirsche, Faulbaum oder Liguster.

Essbare Wildfrüchte sind Brombeere, Himbeere, Haselnuss, Heidelbeere oder Felsenbirne.

Sträucher gedeihen nur dort, wo es ausreichend Licht gibt. Darum fehlen sie oft mitten im Wald und siedeln gern entlang der Waldwege, auf Waldlichtungen und am Waldrand.

Heidelbeeren wachsen nur in lichten Nadelwäldern.

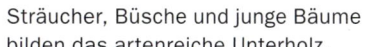

Sträucher, Büsche und junge Bäume bilden das artenreiche Unterholz.

Nicht nur in den tropischen Urwäldern gibt es Lianen, sondern auch bei uns: die Triebe von Gemeiner Waldrebe *(Clematis vitalba),* Efeu *(Hedera helix),* Wald-Geißblatt *(Lonicera periclymenum)* und Hopfen *(Humulus lupus)* erklimmen die Stämme und Äste, um in die Höhe zu wachsen. So kommen sie näher an das lebensnotwendige Licht, das im Wald Mangelware ist.

süßen Früchte der
senbirne mögen nicht
Grünfinken und andere
gel, sondern schmecken
h uns sehr gut!

Blumen und Kräuter

Beinwell, Storchschnabel und Fingerhut

Der Waldboden ist das Reich der Blumen, Gräser und Kräuter. Blumen und Kräuter bilden Blüten, die Bienen, Hummeln, Schmetterlinge und andere bestäubende Insekten anlocken. Sie überlassen den Pollen nicht dem Wind, sondern lassen ihn von diesen tierischen »Transportunternehmen« von Blüte zu Blüte tragen. Darum leuchten die Blüten in bunten Farben, duften verlockend und bieten neben dem Pollen auch noch süßen Nektar als Nahrung für Biene und Co. an.

Bevor die Laubbäume im April/Mai ihre Blätter entfalten, öffnen unzählige Blumen ihre Blüten. Nur dann fällt genügend Licht auf den Waldboden für die lichtliebenden Pflanzen.

An manchen Stellen bilden sich riesige Blütenteppiche aus Busch-Windröschen, Bärlauch oder Lerchensporn. Weiße Blüten haben Busch-Windröschen, Märzenbecher, Waldmeister, Bär-Lauch, Maiglöckchen und Salomonssiegel. Gelbe Blüten zeigen Huflattich, Hohe Schlüsselblume, Wald-Gelbstern und Scharbockskraut. Violette und blaue Blüten besitzen Wald-Veilchen, Leberblümchen, Frühlings-Platterbse, Blaustern und Ehrenpreis. Weiß, gelb und lila blüht der Lerchensporn.

Hat sich das Blätterdach geschlossen, können mitten im Wald nur noch Schattenexperten wie Farne oder Moose gedeihen.

Der hübsche Wald-Sauerklee, eine unserer häufigsten heimischen Waldblumen, klappt nachts seine Blätter nach unten. Erst am nächsten Morgen richtet er sie nach und nach wieder auf. Er kann seine Samen über 2 Meter weit hinausschleudern.

Wald-Himbeeren sind botanisch gesehen keine Beeren, sondern bestehen aus unzähligen kleinen Steinfrüchten.

Anders ist die Situation auf Waldlichtungen, am Waldrand und entlang der Waldwege: Dort gibt es das ganze Jahr über genügend Licht. Darum findet man dort neben den Frühblühern auch im Sommer und Herbst Blühendes: den fein nach Zitrone und Zimt duftenden Diptam etwa, die hübschen Sternmieren, die weit verbreiteten Storchschnäbel, die kerzenförmigen Weidenröschen und Fingerhüte oder die Springkräuter.

Unauffälliger als die farbigen Blumen sind die Gräser. Perlgras, Waldtrespe, Waldflattergras oder Waldschmiele spielen aber eine wichtige Rolle im Wald. Daher heißen zahlreiche natürliche Pflanzengesellschaften des Waldes nach einem solchen Gras wie etwa der für Mitteleuropa typische und weit verbreitete Hainsimsen-Buchenwald. Gräser haben schmale Blätter und unscheinbare Ährenblüten, die vom Wind bestäubt werden.

Das Wissen um die Heilkraft der Pflanzen ist uralt. Schon seit vielen Tausend Jahren sammeln heilkundige Menschen verschiedene Heilpflanzen und verwenden sie in Salben, Auflagen oder Tees. Im Wald wachsen etwa Huflattich (gegen Husten), Beinwell (heilt Prellungen und Blutergüsse) oder Baldrian (wirkt beruhigend). Andere Heilpflanzen wie der Fingerhut oder die Tollkirsche sind sehr giftig, nur in geringen Dosen wirken ihre Inhaltsstoffe heilend für Herz- oder Nervenleiden. Die Pflanzen am Besten nur Anschauen, nicht anfassen!

Kurioserweise bildet der schwach duftende Hohle Lerchensporn in einem Bestand genauso viele weiße wie lila Blütenstände aus.

In schattigen Laubwäldern wächst der Waldmeister in dichten Beständen. Dieser Pflanze, die beim Welken intensiv süß duftet, verdanken Waldmeister-Eis und grüne Götterspeise ihren typischen Geschmack.

Duftet es im Wald nach Knoblauch, so muss Bärlauch in der Nähe wachsen. Diese mit Küchenzwiebel, Lauch und Knoblauch verwandte Waldpflanze bildet große, dichte Bestände, die ab April blühen.

Bienen und Hummeln besuchen die glockenförmigen Blüten des stark giftigen Roten Fingerhuts.

Farne, Moose und Pilze

Seinen Namen verdankt das Adlerfarn einer adlerähnlichen Zeichnung, die man an einem durchgeschnittenen Stängel erkennen kann.

Flechten und Moose Flechten überziehen die Baumrinde wie eine dicke Kruste oder hängen als Bärte von den Ästen herab. Diese Pflanzen sind Doppelwesen, bei denen sich ein Pilz mit einer Alge verbunden hat. Von dieser Symbiose profitieren beide Partner: Der Pilz erhält von der Alge Kohlenhydrate und versorgt die Alge mit Wasser und Mineralstoffen. Flechten sind anspruchslos, brauchen aber sehr saubere Luft zum Gedeihen. Oft überziehen Moose wie ein dicker Teppich den unteren Stammbereich älterer Bäume, doch manchmal sieht man sie

auch auf Ästen wachsen wie hier. Die häufigsten Moose in unseren Wäldern sind das hübsche Frauenhaarmoos mit seinen sternchenförmig erscheinenden Blättern, das gewölbte Kissen bildende Weißmoos und das Zypressen-Schlafmoos.

Der honigfarbene Hallimasch erscheint im Herbst in großen Büscheln auf totem und lebendem Holz.

Im Schatten der Bäume

Erdgeschichtlich gesehen sind Farne und Moose Überbleibsel längst vergangener Urzeiten: Schon vor über 300 Millionen Jahren bildeten sie als bis zu 30 Meter hohe Baumriesen zusammen mit Schachtelhalmen und Bärlappen die ersten Sumpfwälder. Schon damals sahen diese Pflanzen so aus wie heute.

Farne und Moose bilden keine Blüten. Sie produzieren auch keine Pollen oder Samen, sondern Sporen. Bei den Farnen sitzen die Sporen in kleinen, braunen Kissen auf der Unterseite der Farnwedel. Bei den Moosen befinden sie sich in Sporenkapseln, die wie Laternchen auf langen Stielen das Moos überragen.

Farne besitzen große, gefiederte Blätter, die Wedel genannt werden. Im Frühjahr schieben sie sich spiralig eingerollt aus dem Erdboden und erinnern an einen Bischofsstab. Als Schattenexperten gedeihen Farne im Wald dort, wo es schattig und feucht ist. Der giftige Adlerfarn breitet sich oft auf neu entstandenen Lichtungen und Böschungen massenhaft aus und verhindert mit seinen großen, schattenwerfenden Wedeln, dass Baumsamen keimen und junge Bäume heranwachsen. An feuchten Waldstellen wächst der ebenfalls giftige, kleinere Gemeine Wurmfarn.

Schattig und feucht mögen es auch die Moose, die als nur wenige Zentimeter hohe Polster Stämme, Äste und Waldboden bedecken. Moose spielen eine wichtige Rolle im Wasserhaushalt des Waldes, denn sie können wie ein Schwamm enorm viel Wasser speichern. Wenn es dann lange nicht regnet, geben die Moose das Wasser langsam wieder ab.

Pilze Pilze sind weder Pflanzen noch Tiere, sondern bilden ein eigenes Reich von Lebewesen. Die typischen, aus Hut und Stiel bestehenden Pilzkörper sind nur der allerkleinste Teil eines Pilzes. Sie sind sozusagen die »Früchte« der Pilze. In ihnen entwickeln sich die Sporen, mit denen sich der Pilz vermehrt. Der allergrößte Teil jedes Pilzes ist ein dichtes Fadengeflecht im Boden oder morschen Holz, das auch Mycel genannt wird.

Trichterlinge, Egerlinge und verschiedene Baumpilze durchziehen Laub oder abgestorbene Pflanzenteile mit ihrem Fadengeflecht und nehmen die darin enthaltenen Nährstoffe auf. Dabei spielen sie eine wichtige Rolle bei der Zersetzung von Pflanzenmaterial.

Hallimasch und Schwefelporling hingegen befallen lebende Bäume und bringen sie zum Absterben. Diese schmarotzenden Pilze sind gefürchtete Waldschädlinge.

Eine dritte Gruppe von Pilzen, die Mykorrhizapilze, lebt in enger Gemeinschaft mit Bäumen oder anderen Pflanzen. Ihr Mycel verbindet sich mit den Wurzeln der Pflanzen. So versorgen sich diese beiden Partner gegenseitig – der Pilz hilft dem Baum, Wasser und Mineralsalze aufzunehmen, dafür bekommt der Pilz vom Baum die begehrten zuckerähnlichen Verbindungen.

Besonders an feuchten Herbsttagen erscheinen viele Pilz-Fruchtkörper im Wald. Unter den heimischen Pilzarten gibt es essbare Pilze wie den Steinpilz oder den Pfifferling, aber auch tödlich giftige wie den Grünen Knollenblätterpilz. Da es zu fast allen essbaren Pilzarten giftige Doppelgänger gibt, sollte man das Sammeln Pilzkennern überlassen.

Warum wachsen Pilze gern in einem Hexenring?

Pilzhüte erscheinen oft in merkwürdigen Ringen, die früher als magische Versammlungsorte von Hexen galten oder unter dem Einfluss des Teufels entstanden sein sollten. So oder so wurden diese Hexenringe von den Menschen gemieden. Heute wissen wir, wie die Hexenringe entstehen: Im Zentrum eines solchen Rings keimte einst eine Pilzspore. Von dort aus breitete sich ihr Fadengeflecht gleichmäßig in alle Richtungen aus und bildete so einen Kreis. An dessen Außenseite entwickeln sich nun alljährlich die Fruchtkörper. Weil das Mycel jedes Jahr rundherum weiter wächst, wird der Hexenring von Jahr zu Jahr größer.

Schachtelhalm und Bärlapp

Wie ein kleiner Tannenbaum kommt der Wald-Schachtelhalm daher. Seine grünen Stängel sehen wie aus vielen Teilstücken zusammengesetzt aus. Zwischen jedem Teilstück steht ein Ring aus Blättern, der Blattquirl genannt wird. Auch Bärlappe gibt es noch heute – auch wenn die am Boden kriechenden Pflänzchen nicht ahnen lassen, dass Bärlappe einst Riesenbäume waren. Das Sporenpulver der unter Artenschutz stehenden Bärlappe war im Mittelalter sehr beliebt: Als »Hexenmehl« in ein offenes Feuer geworfen, erzeugt es eine helle Stichflamme.

Bärlapp   *Schachtelhalm*

Viele Pilze können nur dort wachsen, wo ihre Partnerbäume stehen. Butterpilz, Steinpilz und Perlpilz wachsen unter Kiefern, der tödlich giftige Grüne Knollenblätterpilz wächst gern unter Eichen, und Fliegenpilz und Fichtenreizker kannst du unter Fichten finden.

Rothirsche — die größten freilebenden Wildtiere Europas

Tiere im Wald

Es ist gar nicht so einfach, Waldtiere zu entdecken. Die meisten Tiere leben versteckt zwischen Zweigen, Ästen oder Blütenpflanzen, in morschen Baumstümpfen oder der Laubschicht am Boden. Große Tiere wie Hirsche, Rehe, Wildschweine, Füchse oder Dachse sind zudem nachtaktiv und ruhen tagsüber im Gebüsch oder in unterirdischen Bauen. Meist verraten nur typische Tritt-, Kot- oder Fraßspuren ihre Anwesenheit.

Auffallender sind die Vögel. Besonders während der Brutzeit, die von etwa Dezember/Januar bis ungefähr Juli dauert, kannst du vielstimmigen Gesang, lautes Trommeln oder typische Rufe hören. Buntspecht, Eichelhäher, Zaunkönig, Kleiber und Co. zu entdecken ist schwieriger, als sie zu hören, denn auch die Vögel verstecken sich gern im dichten Laubwerk der Bäume und Sträucher.

Am häufigsten begegnen dir im Wald die kleinen Tiere: Wolfsspinnen jagen am Boden nach Beute, Mistkäfer krabbeln auf den Waldwegen, Schmetterlinge flattern auf sonnigen Lichtungen von Blüte zu Blüte und abends taucht hier und da ein leuchtendes Glühwürmchen auf. Was wäre ein Wald ohne Tiere?

Nachts ist in unseren Wäldern besonders viel los – vielleicht fürchten sich deshalb manche Menschen unnötigerweise so im nächtlichen Wald. Sobald es dunkel wird, kommen Hirsche, Wildschweine, Baummarder und Dachse aus ihren Verstecken. Dann gehen in der warmen Jahreszeit auch Fledermäuse auf Insektenjagd, während Käuze und Eulen Beute in Mäusegröße bevorzugen.

Die größte Artenvielfalt an Tieren kommt in den Wäldern vor, in denen viele verschiedene ganz junge bis ganz alte Bäume und Sträucher wachsen. In einem tierartreichen Wald gibt es auch immer wieder Lichtungen, auf denen besonders viele Blumen und Kräuter gedeihen. Nur in einem solchen Wald finden die unterschiedlichsten kleinen und großen Tiere genügend Nahrung und Verstecke für sich und ihre Jungen.

Säugetiere

Hirsch und Reh Wenn du denkst, das Reh sei die Frau vom Hirsch, so täuschst du dich. Rothirsch, Damhirsch und Reh sind verschiedene Arten. Hirsche und Rehe können sich nicht miteinander paaren und Junge haben, sondern Hirschmännchen paaren sich mit Hirschweibchen, Rehmännchen mit Rehweibchen. Die Tiere bilden auch keine gemeinsamen Rudel.

1 Rotfuchs
2 Reh
3 Dachs
4 Wildschwein

2

1

3

4

Scheue Rehe, schlaue Füchse

Ein Haarkleid und das Säugen der Jungen mit Muttermilch sind typische Kennzeichen der Säugetiere, zu denen auch wir Menschen gehören. Unter den Säugetieren findest du die größten Wildtiere unserer Wälder: Das sind Hirsch, Reh, Wildschwein, Dachs und Fuchs. Früher lebten auch noch Braunbären, Wölfe und Luchse in den heimischen Wäldern. Sie wurden jedoch in den letzten 200 Jahren gnadenlos verfolgt und ausgerottet. Seit einigen Jahren versuchen Naturschutzorganisationen, diese Tiere wieder bei uns anzusiedeln.

Da richtig große Fleischfresser fehlen und zusätzliche Nahrung an Futterstellen angeboten wird, leben heutzutage sehr viel mehr Hirsche, Rehe und Wildschweine in den heimischen Wäldern als jemals zuvor in den letzten Jahrtausenden. Zu welchen Problemen das führt, kannst du auf Seite 29 lesen.

Der Rothirsch ist nicht nur das größte Waldtier, sondern auch eines der größten wild lebenden Tiere Europas. Nur die männlichen Rothirsche tragen ein knöchernes, 3–4 Kilogramm schweres Geweih, das jedes Jahr im Februar bis April abgeworfen wird und bis zum Herbst neu wächst. Dann ist es noch größer und verzweigter geworden. Die Weibchen leben mit ihren Jungen zusammen in einem Rudel. Während der Paarungszeit im Herbst treffen Männchen und Weibchen zusammen. Dann kannst du kilometerweit die röhrenden Rufe der Männchen hören. Denn wer am lautesten röhrt und das größte Geweih trägt, ist Sieger im Wettstreit der Männchen und darf sich mit den Weibchen eines Rudels paaren.

Im Schnee oder feuchten Boden kannst du die Trittspuren von verschiedenen Tieren entdecken.

A Maus D Hase
B Rothirsch E Krähe
C Fuchs

Das Männchen des kleineren Damhirschs trägt ein schaufelförmiges Geweih. Diese Hirsche werden oft in Parks und Wildgehegen gehalten, wo du sie gut beobachten kannst.

Auch die männlichen Rehe (Rehbock genannt) tragen ein Geweih, das sie jährlich wechseln. Es ist aber viel kleiner als das eines Rothirschs. Rehe bilden nur im Winter, wenn die Nahrung knapp wird, Rudel, die du dann auch tagsüber auf Feldern und Wiesen beobachten kannst. Im Mai und Juni kommen die Rehkitze auf die Welt. Sie haben keinen Körpergeruch. So können Füchse und Greifvögel sie nicht finden, wenn sie im Schutz dichter Pflanzen auf die Rückkehr der nahrungssuchenden Mutter warten.

Wildschweine sind sehr scheu. Sie leben meist in größeren Gruppen. Zur Geburt ihrer Jungen baut sich die Mutter im Gebüsch ein Nest, in dem die Frischlinge ihre ersten Lebenstage verbringen. Mit ihrem kräftigen Rüssel durchwühlen Wildschweine den Boden nach Nahrung und hinterlassen dabei tiefe Spuren im Erdreich. Wenn der Wegrand aussieht, wie von einem Bulldozer durchpflügt, waren das wahrscheinlich Wildschweine. Die Tiere baden gern im Schlamm, um ihre Haut von Zecken und anderen blutsaugenden Parasiten zu reinigen.

Fuchs und Dachs verbringen den Tag in ihren unterirdischen Bauen. Während der Dachs in Familiengemeinschaften lebt und sich ein ausgedehntes Höhlensystem unter der Erde gräbt, ist der Fuchs ein Einzelgänger, der gern als Untermieter in einem Dachsbau wohnt.

Rothirsch (Cervus elaphus)
- *Größe:* bis zu 2,5 Meter lang
- *Nahrung:* Gräser, Kräuter, Blätter, Knospen, Triebe, Rinde
- *Wissenswertes:* Männchen mit mächtigem Stangengeweih; wird auch Rotwild genannt

Damhirsch (Dama dama)
- *Größe:* bis zu 1,75 Meter lang
- *Nahrung:* Gräser, Kräuter, Baumfrüchte, Baumrinde
- *Wissenswertes:* ist mehr tagaktiv als Rothirsche. In Asien beheimatet, wurde von den Römern nach Mitteleuropa gebracht

Reh (Capreolus capreolus)
- *Größe:* bis zu 1,4 Meter lang
- *Nahrung:* Kräuter, Knospen, Triebe, Früchte, Samen
- *Wissenswertes:* sehr anpassungsfähig, lebt fast überall – in Feld, Wald, Moor, Schilf, in Parks, Gärten und auf Friedhöfen

Wildschwein (Sus scrofa)
- *Größe:* bis zu 1,6 Meter lang
- *Nahrung:* Wurzeln, Pilze, Kräuter, Eicheln, Kastanien, Früchte, Aas, Insekten und deren Larven, Vogeleier
- *Wissenswertes:* sucht auch auf Mais- und Kartoffelfeldern nach Nahrung; Weibchen (Bache genannt) verteidigt ihre Jungen (Frischlinge) sehr aggressiv.

Dachs (Meles meles)
- *Größe:* bis zu 90 Zentimeter lang
- *Nahrung:* Insekten und deren Larven, Schnecken, Regenwürmer, Mäuse, Vogeleier, Pilze, Früchte, Nüsse, Beeren
- *Wissenswertes:* Dachsbaue bestehen aus vielen unterirdischen Stockwerken mit über 10 Meter langen Gängen, Schlaf- und Wohnräumen, Vorratskammern und Lüftungsschächten.

Rotfuchs (Vulpes vulpes)
- *Größe:* bis zu 90 Zentimeter lang plus bis zu 50 Zentimeter langer Schwanz
- *Nahrung:* Mäuse, Vögel, Eier, Insekten, Aas, Früchte, Beeren, auch Nahrungsabfälle
- *Wissenswertes:* lebt auch in vielen Großstädten, sehr anpassungsfähig, kennt sein Revier ganz genau

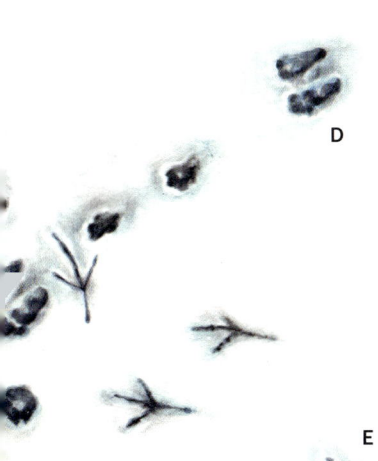

Rothirsch

Damhirsch

Siebenschläfer

Baummarder *(Martes martes)*

- *Größe:* bis zu 60 Zentimeter lang plus 30 Zentimeter Schwanz
- *Nahrung:* Eichhörnchen und andere kleine Säugetiere, Vögel, Insekten, Früchte
- *Wissenswertes:* schneller, wendiger Räuber; ist meist am Boden unterwegs, jagt auch in den Bäumen

1

2

3

1 Rötelmaus
2 Waldmaus
3 Spitzmaus

Von Mäusen und Mardern

Unter den Säugetieren im Wald kannst du am häufigsten das Eichhörnchen entdecken. Beobachtest du während der Paarungszeit in Winter und Frühjahr zwei Tiere bei wilden Verfolgungsjagden, so sind das Männchen und Weibchen bei der Partnersuche. Äußerlich kannst du sie nicht voneinander unterscheiden. Aus Zweigen und Ästen baut sich das Eichhörnchen in den Kronen mehrerer Bäume seine kugelförmigen Nester, die Kobel genannt werden. Dort ruht es nachts und im Winter und im Sommer bringt es dort seine Jungen zur Welt.

Eichhörnchen können Baumstämme hoch und kopfüber auch hinunterlaufen sowie meterweit von Ast zu Ast springen. Auf diese Weise entkommen sie so manchem Baummarder, ihrem ärgsten Feind. Dieser nahe Verwandte des Steinmarders (auch als »Automarder« in Verruf geraten, weil er so gern die Kabel annagt), ruht tagsüber in einer Baumhöhle und ist meist nachts unterwegs. Auch der Baummarder bewegt sich geschickt in den Bäumen und kann bis zu 4 Meter weit springen.

Nachts ist auch der Siebenschläfer, der wie eine Mischung aus Ratte und Eichhörnchen aussieht, wach. Dieser Früchteliebhaber schafft es tatsächlich in kalten Wintern, sieben Monate lang durchzuschlafen – so lange hält kein zweites heimisches Tier Winterschlaf!

Raschelt es im Laub, huschen vielleicht Mäuse umher. Wenn du ganz leise bist, hörst du manchmal auch fiepende Stimmen – das können Mäuse sein, die miteinander streiten. Die langschwänzige Wald- und Gelbhals-

Kannst du erkennen, wer die Samen des Fichtenzapfens gefressen hat? Eichhörnchen reißen sie mit ihren Zähnen heraus, der Buntspecht bearbeitet die Schuppen mit seinem Schnabel und Mäuse nagen sie fein säuberlich ab.

maus sowie die kurzschwänzige Rötelmaus sind die häufigsten unter ihnen. Wald- und Gelbhalsmäuse können hervorragend klettern und weit springen. Meist graben sie sich ihren Bau unter der Erde, wohnen aber auch gern in den aufgehängten Vogel-Nistkästen. Die wenig scheuen Rötelmäuse huschen auch tagsüber am Boden entlang. Sie bauen ihre Nestkammer gern in einem Reisighaufen oder morschen Baumstamm.

Noch kleiner als Mäuse sind die Spitzmäuse. Trotz ihres Namens sind die kleinen Säugetiere mit der langen, spitzen Schnauze keine Mäuse (Nagetiere), sondern Insektenfresser. Wie die nah verwandten Igel und Maulwurf frisst auch die Waldspitzmaus Würmer, Spinnen, Käfer und Schnecken. Ihr kugeliges Nest richtet sie unter Baumwurzeln oder Holzstapeln ein.

Fledermäuse begegnen dir nur bei Dunkelheit im sommerlichen Wald. Im Winter halten die Tiere in Fels- und Baumhöhlen, Spalten und Kellern einen mehrmonatigen Winterschlaf. Im Frühjahr ziehen sie dann in ihr Sommerquartier, das sich in Baumhöhlen, Dachböden und Nistkästen befindet. Fledermäuse leben in Gemeinschaft. Sobald es dämmert, gehen die Tiere auf Insektenjagd. Je nach Fledermausgröße – die kleinste ist die daumengroße Zwergfledermaus, die größte das bis zu 8 Zentimeter lange Mausohr – erbeuten sie im Flug kleine Stechmücken, Nachtfalter und Käfer. Ihre Beute finden Fledermäuse mithilfe des Echos ihrer ausgesandten Ultraschalllaute, die wir nicht hören können.

Eichhörnchen *(Sciurus vulgaris)*
- Größe: bis zu 25 Zentimeter lang plus 20 Zentimeter Schwanz
- Nahrung: Eicheln, Nüsse und andere Baumfrüchte, Pilze, Fichtensamen, Beeren, Insekten, auch Vogeleier
- Wissenswertes: versteckt Vorräte für den Winter, lebt auch in Gärten, Parks und auf Friedhöfen

Wald aktiv

Eine Nacht im Wald Nachts hört sich der Wald ganz anders an als am Tag. Das kannst du miterleben, wenn du eine Nacht im Wald verbringst. Naturschutzorganisationen oder der Förster bieten das in vielen Orten an. Einfach mal nachfragen! Rehböcke bellen wie Hunde und die »Huhuhu«-Rufe des harmlosen Waldkauzes klingen schaurig. Auch Siebenschläfer sind nachts ziemlich laute Gesellen, die schreien, quieken und knurren. Aber vor keinem dieser Tiere musst du dich fürchten! Wenn du die Geräusche mit deinem Handy oder mp3-Player aufnimmst, kannst du zu Hause herausfinden, von wem sie stammen.

Das Braune Langohr ernährt sich von Faltern und Raupen, die es zu einem Fraßplatz transportiert. Dort kannst du viele abgebissene Flügel oder andere Körperteile von Schmetterlingen finden.

Vögel

Tagsüber sonnt sich der Waldkauz gern auf einem Ast.

Der Eichelhäher »Polizist des Waldes« und »Gärtner des Waldes« sind die Titel, mit denen dieser bunte Rabenvogel ausgezeichnet wird. Ersteren verdankt er seinen krächzenden Rufen, mit denen er jeden Eindringling – egal ob Mensch oder Raubtier – kundtut. Wie das Eichhörnchen vergräbt auch der Eichelhäher im Herbst mehrere Zehntausend Eicheln, Bucheckern und andere Baumfrüchte im Boden. Bis zu zwölf Eicheln passen in seinen Kehlsack. Weil er viele versteckte Eicheln nicht mehr findet, pflanzt er auf diese Weise Bäume wie ein Gärtner – daher der zweite Beiname.

Die Brutzeit beginnt damit, dass sich die Paare finden und Reviere einnehmen. Nach der Paarung legt das Weibchen Eier ins Nest. Bald ist die Brut so groß wie die Eltern.

Gefiederte Waldbewohner

Vögel sind die einzige Tiergruppe, die Federn besitzt. Federn sind kompliziert aufgebaute hornige Hautstrukturen, die den über 40 Grad Celsius warmen Vogelkörper wärmen und das Fliegen ermöglichen. Zudem sind sie federleicht – und Gewichtsersparnis ist für fliegende Tiere äußerst wichtig! Einmal im Jahr wechseln Vögel ihr Gefieder. Die meisten heimischen Vögel mausern sich direkt nach der Brutzeit im Sommer. Dann kannst du ausgefallene Federn finden.

Während bei manchen Vögeln wie Eichelhäher, Rotkehlchen, Blaumeise oder Zaunkönig Männchen und Weibchen gleich aussehen, unterscheiden sich bei anderen die beiden Geschlechter teils sehr deutlich. So sind bei Amsel, Buchfink oder Gimpel die Männchen viel bunter gefärbt als die Weibchen. Das hat seinen Grund: Mit ihrem bunten Gefieder werben die Männchen um die Weibchen, deren braunes Gefieder diese gut beim Brüten tarnt. Bei Habicht und Sperber, zwei Raubvögeln im Wald, unterscheiden sich die Geschlechter durch die Größe: Bei beiden Vogelarten ist das Weibchen deutlich größer und erlegt daher auch größere Beutetiere.

Ein anderes Merkmal, an dem du Vögel gut voneinander unterscheiden kannst, ist ihre Stimme. Jede Vogelart hat nämlich typische, unverwechselbare Rufe und Gesänge. Das Kennenlernen der Vogelstimmen ist gar nicht so schwer: Entweder du versuchst, den singenden Vogel mit dem Fernglas zu entdecken, und prägst dir dann Stimme und Aussehen ein. Oder du nimmst die Stimmen mit mp3-Player oder Handy auf und findest zu Hause mithilfe von Vogel-CD oder Internet heraus, wer es war.

Vögel markieren mit ihren Rufen und Gesängen ihr Revier, sodass die Artgenossen schon von Weitem hören, wo sie sich zum Brüten niederlassen

Wenn du am Waldrand wohnst, besuchen viele Waldvögel im Winter dein Futterhäusc

können und wo nicht. Besonders während der Brutzeit brauchen die Vögel ein bestimmtes Revier, denn nur so können sie genügend Futter für sich und ihren Nachwuchs finden. Während die Reviere gleicher Vogelarten aneinandergrenzen, überschneiden sich die Reviere verschiedener Vogelarten. Buchfink und Meisen brüten also womöglich im selben Baum, aber zwei Kohlmeisenpaare nicht. Auch Weibchen werden singend angelockt. Daher kannst du die typischen Vogelstimmen während der Brutzeit, also von Mitte Winter bis Mitte Sommer, hören.

Typische Waldvögel sind die Spechte. Statt zu singen, markieren sie ihr Revier mit unglaublich schnellen, trommelnden Schnabelschlägen auf einen Stamm. Zum Brüten hacken Spechte stets eine neue Höhle in den morschen Teil eines Baumstamms und ziehen nur einmal darin ihre Jungen auf. In die verlassene Spechthöhle ziehen dann andere Vögel, Siebenschläfer, Mäuse und weitere Tiere ein. Der krähengroße Schwarzspecht, der größte Specht Europas, braucht bei uns ein ungefähr 400 Hektar großes Revier, um satt zu werden.

Singvögel Wenn du an einem Morgen im Mai ganz früh im Wald bist, gibt dir das vielstimmige Vogelkonzert einen Eindruck, wie viele unterschiedliche Singvögel dort leben. Viele von ihnen, die zu Urgroßelternzeiten noch reine Waldvögel waren, sind heute auch in unseren Gärten zu finden: Amsel, Rotkehlchen, Zaunkönig, Kohlmeise, Blaumeise und viele andere mehr.

Ein besonderer Singvogel ist der Kleiber, der wie ein Specht seine Nahrung am Baumstamm sucht. Er ist der einzige Vogel, der einen Baumstamm hoch und kopfunter wieder herunterlaufen kann.

Der Kleiber sucht in den Rindenritzen nach Nahrung.

Der Sperber ist ein wendiger Singvogeljäger, der im rasanten Jagdflug seine Beute überrascht.

Warum der Specht keine Kopfschmerzen bekommt Bei einem Trommelwirbel, der bis zu drei Sekunden lang ist, hämmert ein Specht rund 17 Mal in der Sekunde auf den Stamm. Versuche, 17-mal in der Sekunde mit dem Finger auf die Tischplatte zu klopfen – dann weißt du, wie schnell das ist! Vom Trommeln bekommt ein Specht keine Kopfschmerzen, weil starke Muskeln am Kopf den Aufprall dämpfen. Zudem verhindert der Schädelaufbau, dass das Gehirn bei jedem Schlag an die Schädeldecke stößt. Damit ihm keine Holzspäne in die Augen fliegen, macht der Specht sie vorher einfach zu.

Kriechtiere und Lurche

Salamander und Co. beobachten Von Frühjahr bis Herbst ist die Zeit, in der du Kriechtiere und Lurche entdecken kannst.

Willst du einen Feuersalamander sehen, so hast du an feucht-regnerischen Tagen am meisten Glück. Dann verlässt dieser schwarz-gelbe Lurch sein Versteck und zieht auf der Jagd nach kleinen Wirbellosen umher. Seine auffallende schwarz-gelbe Färbung soll dir Warnung sein: Nicht anfassen, denn nicht nur für Vögel oder Füchse ist ein Feuersalamander giftig.

Erdkröten sind die größten heimischen Kröten. Sie legen im zeitigen Frühjahr lange Wanderungen von ihrem Winterversteck zu dem Gewässer zurück, in dem sie einst selbst aus dem Ei schlüpften. Weil sie dabei auch Straßen überqueren und zu Tausenden überfahren werden, gibt es Kröten-zäune und -tunnel. Wenn du Erdkröten live beobachten möchtest, hilf bei der nächsten Naturschutz-aktion mit, die Kröten ein-mal täglich über die Straße zu transportieren.

Trapp und trapp, der Salamander,
schiebt sich über nasse Blätter.
Heute regnet's. Heute ist
Salamander-Wanderwetter.

Gestern, als die Sonne schien,
hielt er sich im Loch versteckt.
Heut kannst du ihn schreiten sehn,
Schwarz von Farbe, gelb gefleckt.

»Schrecklich, dieses schlechte Wetter!«
So hat gestern er gesagt.
Heut freut ihn das Leben wieder.
Heute geht's auf Schneckenjagd.

Josef Guggenmoos

Wie viele Blindschleichen wurden schon mit gefähr-lichen Schlangen verwechselt und erschlagen! Dabei ist diese Echse völlig harmlos.

Einer Kreuzotter wirst du nur mit viel Glück begegnen. Sie ist sehr scheu und fluchtbereit.

Schlangen, Schnecken, Tausendfüßer

Schlangen und Echsen sind heimische Gruppen der Kriechtiere, die auch Reptilien genannt werden. Da sie ihre Körpertemperatur, anders als Vögel und Säugetiere, nicht selbst regeln können, fühlen sie sich stets kalt an. Erst nach einem Sonnenbad wird ihr Körper warm. Da es im Wald an Sonnenlicht mangelt, leben dort nur wenige Vertreter der Kriechtiere. Diese haben eigene Strategien für diesen Lebensraum entwickelt: Waldeidechse, Blind-schleiche und Kreuzotter legen beispielsweise keine Eier, sondern bringen lebende Junge zur Welt.

Die bis zu 45 Zentimeter lange Blindschleiche, die keine Schlange, sondern eine Echse ist, jagt langsame Tiere wie Schnecken, Würmer oder Spinnen. Daher bevorzugt sie wie ihre Beute kühl-feuchte Standorte unter morschem Holz, Steinen oder im dichten Pflanzenbewuchs.

Die Kreuzotter, die einzige in unseren Wäldern hei-mische Giftschlange, lebt in helleren Waldbereichen wie Lichtungen oder am Waldrand, wo sie sich sonnen kann. Eine ausgewachsene Kreuzotter braucht nur drei bis sie-ben Mäuse im Jahr, um satt zu werden.

Lurche, auch Amphibien genannt, haben eine feuchte Haut. Da sie ihre weichen Eier in ein Gewässer ablegen müssen, kommen sie nur in deren Nähe vor. Ein typisches Waldtier unter den Lurchen ist die Erdkröte. Sie kommt nur zur Ablage ihrer Eier an einen Weiher. Würmer, Nacktschnecken, Asseln und Spinnen stehen auf ihrem Speiseplan.

Leben im Laub Wohin kommt das viele Laub, das jedes Jahr im Herbst von den Bäumen fällt? Wühl einmal im Sommer im Laub am Boden. In dieser Laubstreu – der artenreichste Lebensraum des Waldes – wimmelt es nur so von Leben! Dort entdeckst du kleine wirbellose Tiere wie Schnecken, Regenwürmer, Asseln, Tausend- und Hundertfüßer, die sich vom Laub ernähren oder Jagd auf diese kleinen Laubbeseitiger machen.

Über das trockene Laub, das im Herbst von den Bäumen fällt, machen sich zunächst Asseln, Tausendfüßer und einige Käfer her. Hat der herbstliche Regen das Laub ausreichend durchfeuchtet, ziehen die kleinen Müllarbeiter in Scharen herbei. Nun können Würmer, Saftkugler, Springschwänze, Ohrwürmer, Schnecken, Milben und viele andere Tiere mit dem Zersetzen beginnen. Diese Tiere werden von räuberischen Spinnen, Hundertfüßern wie Stein- und Erdläufer oder winzigen Pseudoskorpionen gejagt. Da all diese kleinen Tiere das aufgenommene Pflanzenmaterial als nährstoffreichen Kot absetzen, locken sie Regenwürmer, Fliegen und andere Insekten an, die oder deren Larven sich von Kot ernähren. Bald hat sich die gesamte Laubmasse in Tierkot verwandelt, die von den Mikroorganismen (Bakterien oder Pilze) zu pflanzenverwertbaren Nährstoffen mineralisiert und dem Boden zugeführt wird. Diese Nährstoffe nehmen die Pflanzen und Bäume aus dem Boden wieder auf.

🌰 **Wald aktiv**

Tiere in der Laubstreu entdecken Nimm ein weißes Tuch und gib zwei Handvoll Laubstreu aus verschieden tiefen Schichten darauf. Käfer, Asseln, Spinnen, Hundert- und Tausendfüßer laufen sofort flink umher und suchen sich eiligst ein neues Versteck. Schnecken, Würmer und andere Tiere entdeckst du beim Auseinanderschieben des Laubs. Wie sich die Tierwelt im Lauf des Jahres ändert, erfährst du, wenn du ab dem Herbst einmal im Monat eine solche Laubstreu-Untersuchung machst. Auch in morschen Baumstümpfen, auf der Rinde oder in Moospolstern kannst du viele Tiere entdecken.

In den obersten 30 Zentimetern eines Quadratmeters Waldboden leben: 60 Billionen Bakterien, 1 Milliarde Pilze, 1 Million Algen sowie diese Tiere: 500 Millionen Einzeller, 10 Millionen Fadenwürmer, 150 000 Milben, 100 000 Springschwänze, 25 000 Ringelwürmer, 200 Regenwürmer, 50 Schnecken, 50 Spinnen, 50 Asseln, 150 Tausendfüßer, 50 Hundertfüßer, 100 Käfer und 200 Fliegenlarven. Macht zusammen: ein unglaubliches Gewusel und Gewimmel!

Schnecke und Co. Schnecken, Spinnen, Insekten, Asseln, Tausendfüßer und Co. heißen Wirbellose, weil sie im Gegensatz zu den Wirbeltieren (das sind Fische, Lurche, Kriechtiere, Vögel und Säugetiere) keine Wirbelsäule besitzen.

Wenn du zwei Handvoll Laubstreu auf ein helles Tuch gibst, kannst du die vielen Tiere kennen lernen, die darin leben: Saftkugler, Schnecken, Ohrwürmer, Regenwürmer, Steinläufer (Achtung, kann beißen!) und viele andere Arten.

Spinnentiere und Insekten

Krabbenspinnen lauern gut getarnt auf ihre Beute, die oftmals erst die Anwesenheit des Jägers bemerken, wenn es zu spät ist.

Wie sich Spinnen vermehren Spinnenweibchen legen ihre Eier in einen selbst gesponnenen Kokon. Die Wolfspinnen tragen ihn sogar mit sich herum. Dieser kugelrunde, helle Kokon hängt wie ein kleines Bällchen am Hinterleib der Weibchen. Sind die Jungspinnen geschlüpft, so reiten sie die erste Lebenswoche auf dem Rücken der Mutter. Erst dann werden sie selbstständig. Andere Spinnen heften den Eikokon an eine geschützte Stelle.

1

2

3

1 Erwachsene Hirschkäfer leben von ausfließenden Baumsäften.
2 Waldmistkäfer patrouillieren auf der Suche nach Kothaufen die Waldwege entlang.
3 Maikäfer sind nachts unterwegs. Sie knabbern an Blättern.

Wenn es summt und brummt

Alle Spinnen sind Räuber. Sie haben acht Beine, viele Augen und tragen mehr oder weniger große Giftklauen, mit denen sie beim Biss ein Giftgemisch in die Beute spritzen. Dieses Giftgemisch lähmt das Beutetier und löst zudem dessen Körperinneres auf. Spinnen haben nämlich nur eine kleine Mundöffnung und können nur flüssige Nahrung aufnehmen. Sie sorgen dafür, dass sich Insekten und andere kleine Wirbellose nicht so stark vermehren und durch überstarken Fraß schädlich werden. Dazu haben Spinnen viele verschiedene Jagdstrategien entwickelt: Netzspinnen wie Kreuz-, Baldachin- oder Haubennetzspinnen fangen ihre Beute in Netzen aus selbstgesponnenen Spinnfäden. Wie viele dieser Netzspinnen im Wald leben, entdeckst du, wenn der Morgentau in den Spinnfäden hängt und die Netze sichtbar macht. Spring-, Wolf-, Raub- und Krabbenspinnen hingegen jagen ihre Beute frei am Boden, auf Blüten und Blättern. Weberknechte fangen ihre Beute wie ein Cowboy eine Kuh: Ihre langen Beine setzen sie wie ein Lasso ein.

Um herauszufinden, ob ein Tier ein Insekt ist, musst du nur die Beine zählen: Alle Insekten besitzen nämlich sechs Beine. Insekten sind die artenreichste Tiergruppe der Erde. Von den bis zu 20 Millionen Insektenarten, die es nach Schätzungen auf der ganzen Erde geben soll, leben rund 15 000 Arten in unseren Wäldern.

Insekten gibt es in einer enormen Formenfülle: Recht urtümlich sind die bis zu 1 Zentimeter langen, flügellosen Spring- und Doppelschwänze, die in der Laubstreu leben. Am Boden triffst du auch Waldschaben, Waldgrillen, Ohrwürmer, Ameisen und Laufkäfer an.

Zecken Zu den Spinnentieren gehören auch die Zecken. Von März bis Oktober lauern die höchstens apfelkerngroßen, braunen Tiere im Gestrüpp auf Säugetiere. Streift eines vorbei, so lassen sie sich mitnehmen und suchen auf dem warmen Körper nach einer geeigneten weichhäutigen Stelle, um Blut zu saugen. Dabei können sie lebensbedrohliche Krankheiten übertragen. Du solltest deinen nackten Körper daher nach einem Tag im Wald oder auf der Wiese nach ihnen absuchen lassen.

Waldmistkäfer graben unter einem Kothaufen einen langen Gang mit Seitengängen tief ins Erdreich, füllen ihn mit Kot und legen zum Schluss noch ihre Eier hinein.

Auf Blättern und Zweigen, Blüten und Trieben kannst du weitere Käfer wie Maikäfer, Schnellkäfer, Marienkäfer, Buntkäfer, Bockkäfer und Rüsselkäfer entdecken. Der größte heimische Käfer ist der bis zu 8 Zentimeter lange Hirschkäfer, dessen Oberkiefer geweihähnlich verlängert sind. Da sich die Larven bis zu acht Jahre lang in morschem Eichenholz entwickeln, kommt dieser imposante Käfer nur in naturbelassenen Eichenwäldern vor. Borkenkäfer fressen sich durch die Rinde und hinterlassen ein typisches Fraßbild. Auch sie helfen beim Zersetzen von Pflanzenmaterial – kommen sie massenhaft vor, gehören sie allerdings zu den größten Waldschädlingen.

Bienen, Hummeln und viele Tagschmetterlinge wie Admiral, Kleiner Fuchs und Tagpfauenauge sind Blütenbesucher, die Blumen bestäuben. Auch nachts kannst du Schmetterlinge im Wald entdecken, etwa indem du sie mit einer Taschenlampe anlockst. Zu diesen Nachtfaltern gehören Spinner, Spanner, Eulen (etwa Weidenkarmin) und Schwärmer (etwa das Abendpfauenauge). Wenn die Raupen mancher Nachtfalter wie Kieferneule, Schwammspinner oder Mondvogel massenhaft vorkommen, können sie ganze Bäume kahl fressen.

Die Rote Waldameise   Auffallend sind die bis zu 1,5 Meter hohen Ameisennester aus Zweigen und Nadeln, die von der Roten Waldameise gebaut werden. Diese Ameisenburgen, in denen bis zu 500 000 Tiere eines Ameisenvolks leben, reichen ebenso tief ins Erdreich. Ein Ameisenstaat ist streng organisiert. Die Königin legt nur Eier und wird von den Arbeiterinnen versorgt. Diese kümmern sich auch um die Brut, vergrößern und reparieren das Nest, besorgen Nahrung (Insekten und deren Larven, Pflanzensamen, Honigtau) und verhindern, dass Eindringlinge ins Nest gelangen.

Im Ameisenhausen herrscht ein ständiges Kommen und Gehen.

Lebensraum tote Maus   Nicht nur Laub, Holz und Kot werden zersetzt, sondern auch tote Tierkörper. Deren Geruch lockt Käfer wie Totengräber und Aaskäfer an, die den Kadaver im Erdreich vergraben und mit ihren Eiern belegen. Auch Fliegen legen ihre Eier auf Aas. Die schlüpfenden Larven dieser Tiere leben dann wie im Schlaraffenland und fressen den Kadaver gänzlich auf.

Ein blühender Wildrosenbusch zieht Schmetterlinge magisch an.

Im Waldkletterpark – ein Walderlebnis der besonderen Art!

Der Wald und die Menschen

Der Wald – ein geheimnisvoller Ort! Hinter jedem Baum lockt Verborgenes und wartet darauf, entdeckt zu werden. Ein grandioser Raum zum Spielen! So erlebst du vielleicht den Wald. Das war nicht immer so. Bis ins frühe Mittelalter war der Wald vor allem der Arbeitsplatz vieler Menschen, die hier ihre Tiere weideten, Holz einschlugen und Waldfrüchte wie Beeren und Pilze sammelten. Die Waldarbeit bestand vor allem aus Abbrennen und Roden, um Flächen für Äcker oder Siedlungen zu schaffen. Auch der Bedarf an Bau- und Brennholz wurde immer größer – und die Waldflächen wurden immer kleiner: Waren 600 n. Chr. in Mitteleuropa noch über 90 Prozent von Wald bedeckt, waren es im Jahr 1350 nur noch 45 Prozent und heute sind es 30 Prozent.

Das blieb nicht ohne Folgen: Der Wald konnte sich nicht mehr selbst erneuern, mit den verarmten Böden erkrankte auch der Wald. So wurde den Menschen vor rund 200 Jahren bewusst, dass man dem Wald nur so viel entnehmen kann, wie im selben Zeitraum auch wieder nachwächst. Der wirtschaftliche Erhalt des Waldes wurde wichtig und Bäume wurden nicht nur abgeholzt, sondern auch wieder angepflanzt. Aufforsten war angesagt!

Dadurch veränderte sich der Wald erneut: Meist wurden nämlich schnell wachsende Nadelbäume statt Laubbäume gepflanzt. In vielen Gebieten entstanden gar reine Monokulturen aus Fichten. Nun konnte zwar sehr viel Holz dem Wald entnommen werden, doch Naturkatastrophen wie Insektenplagen, Pilzkrankheiten, Waldbrände und Sturmschäden nahmen zu. Die Menschen erkannten, dass der Wald ein kompliziertes Beziehungsgefüge von Pflanzen und Tieren, Klima und Böden ist und eine wichtige Rolle als Schutz- und Erholungsgebiet spielt.

So entwickelte sich die moderne Forst- und Holzwirtschaft, ein wichtiger Wirtschaftszweig, der über 1 Million Menschen Arbeit gibt.

Die moderne Forstwirtschaft

Ein Vollernter fällt nicht nur die Bäume, sondern entastet und entrindet sie auch gleich. Die tiefen Spuren, die diese schwere Maschine hinterlässt, füllen sich mit Wasser, in dem Unken und andere Lurche ihre Eier ablegen.

Mit bunten Farben markiert der Förster die Bäume, die gefällt, sowie diejenigen, die dauerhaft erhalten werden sollen.

Forst und Holz – ein wichtiger Wirtschaftszweig in Deutschland Alle Betriebe und Beschäftigten, die auf den Rohstoff Holz angewiesen sind, werden in der Forst- und Holzwirtschaft zusammengefasst. Dazu gehören neben Holzbau- und Möbelgewerbe auch Papier- und Druck-Erzeugnisse sowie Zulieferer oder Transportunternehmen. Insgesamt arbeiten in Deutschland über 1,3 Millionen Menschen in diesem Wirschaftszweig mit einem Jahresumsatz von ungefähr 181 Milliarden Euro. Im Vergleich dazu sind in der Automobilindustrie bei einem Jahresumsatz von 290 Milliarden Euro rund 830 000 Menschen beschäftigt.

Arbeitsplatz Wald

Grundsatz der modernen Forstwirtschaft ist das ökologische Prinzip der Nachhaltigkeit. Folglich muss der Wald als funktionierendes Ökosystem erhalten werden, damit die zukünftigen Generationen den Wald im gleichen Maße nutzen können wie wir heute. Wegen der vielen Funktionen, die der Wald zu erfüllen hat, ist moderne Forstwirtschaft ein ständiges Abwägen von wirtschaftlichen und ökologischen Interessen.

Die meisten heimischen Wirtschaftswälder sind heute noch Hochwälder, in denen alle Bäume gleichaltrig und von gleicher Höhe sind. Solche Wälder entstanden, wenn nach einem Kahlschlag auf der gerodeten Waldfläche junge Bäume gepflanzt werden. Damit Rehe und Hirsche nicht die Rinde der jungen Bäume abfressen, umgeben Schutzrohre die Stämme. Achte einmal darauf, wenn du das nächste Mal im Wald bist.

Doch die Tage dieser Hochwälder sind gezählt, denn heutzutage ist der moderne Wald ein Mischwald, der als Plenter- oder Femelwald bewirtschaftet wird. In einem solchen Wald kommen gleichzeitig verschiedene, ganz

Ein Forstarbeiter entastet einen Baum.

junge bis ganz alte Laub- und Nadelbaumarten vor. Dieser Wald bleibt dauerhaft erhalten, denn stets werden nur einige Bäume oder Baumgruppen gefällt. Die restlichen Bäume bleiben stehen, manche dürfen zu alten Baumriesen heranwachsen, auf denen unzählige Tiere leben. Auch Totholz ist in einem solchen Wald erwünscht. Junge Bäume sollen auf natürliche Weise nachwachsen und nur in Ausnahmefällen gepflanzt werden.

Wie viel Holz im Jahr gefällt werden darf, legen die Forstämter fest. Der staatliche oder private Waldbesitzer bestimmt, welche Bäume gefällt werden. Das erkennst du an farbigen Markierungen auf den ausgewählten Baumstämmen.

Die Waldarbeiter wissen genau, wie sie einen Baum fällen müssen, damit er auf die gewünschte Fläche fällt. Einen Baum zu fällen ist nicht ungefährlich, denn zusammen mit den Ästen kann er locker 15 Tonnen wiegen – so viel wie 13 Mittelklasse-Pkw. An Ort und Stelle wird der gefällte Baum von seinen Ästen befreit. Dann kommt die nächste schwierige Aufgabe: der Transport aus dem Wald. Je nach Verwertung kann der Baumstamm in einzelne meterlange Stücke gesägt werden. Um aber Baumstämme in ihrer ganzen Länge zu transportieren, ist manchmal sogar der Einsatz eines Seilkrans erforderlich. Nicht alle Baumstämme werden gleich aus dem Wald geschafft. Manchmal bleiben sie am Rand von Hauptwaldwegen liegen.

Ein moderner Plenterwald verjüngt sich fortlaufend von selbst: Ein umgefallener oder gefällter Baum macht Platz für junge Bäume.

Zahlen aus der Waldwirtschaft Rund 30 % der Fläche Deutschlands sind mit Wald bedeckt (rund 11 Millionen Hektar), von denen rund 7,4 Millionen Hektar durch Forstbetriebe und 1,4 Millionen Hektar durch landwirtschaftliche Betriebe bewirtschaftet werden. Der von Forstbetrieben bewirtschaftete Wald gehört zu 46 % dem Staat, zu 31 % Gemeinden und Städten und zu 23 % Privatleuten. Der Staatswald ist in einzelne Forstämter unterteilt, die aus zahlreichen, von Förstern geleiteten Revieren bestehen.

Damit Käufer von Holzprodukten wie Möbeln oder Büchern erkennen können, dass das Holz umwelt- und sozialverträglich angebaut wurde, gibt es verschiedene ökologische Gütesiegel wie Naturland, FSC und PEFC. Diese sollen die Nachhaltigkeit einer naturnahen Waldwirtschaft garantieren.

Waldarbeiter beim Zapfenpflücken: So werden Samen für Weihnachtsbäume geerntet.

Wie werde ich Förster?

Fragen an Paul Erbacher, Forstrevierleiter Böblingen

Warum sind Sie Förster geworden? Schon als kleines Kind war ich mit meinem Vater oft im Wald unterwegs, denn er war Förster. Mich hat alles in der Natur interessiert, die Tiere, die Pflanzen. Ich wollte niemals etwas anderes werden als Förster.

Was gefällt Ihnen am besten an Ihrem Beruf? Ich bin gern draußen in der freien Natur, kann meinen Arbeitstag eigenständig planen und mag den Kontakt zu Menschen. Gern zeige ich Kindern und allen Interessierten den wertvollen Lebensraum Wald – und vermittle ihnen Rücksichtnahme auf die Natur.

Was muss ein Förster im Wald dabeihaben? Auf jeden Fall wetterfeste, dornendichte Kleidung und feste Schuhe. Wenn ich Waldarbeiter aufsuchen muss, die gerade Bäume fällen, ziehe ich immer eine leuchtende Warnweste an. Ich habe auch ein Messer und Farbsprühdosen dabei, im Auto Axt und Motorsäge, aber keine Waffe, keinen Hund, keine Pfeife.

Muss ein Förster auch Tiere schießen? Nur, wenn ein Reh, ein Wildschwein oder ein anderes Tier von einem Auto angefahren und lebensgefährlich verletzt wurde.

1

2

3

1 Wie früher zieht ein Pferd auf den Boden schonende Weise einen Baumstamm aus dem Wald.
2 Ein Jäger mit seinem Hund.
3 Alljährlich prüfen Förster den Zustand ihres Waldes.

Wie werde ich Förster?

Förster ist ein sehr vielseitiger Beruf mit vielen verschiedenen Aufgaben, von denen manche draußen im Wald, etliche aber auch am Schreibtisch erledigt werden. Jeder Förster ist für sein Waldrevier zuständig, in dem er sich bestens auskennt. Er weiß, ob die Bäume in seinem Wald gesund sind, wie viele Wildschweine darin leben und wo der Dachs seinen Bau hat. Der Förster plant, organisiert und leitet auch alle Arbeiten im Wald, die von den Forstarbeitern ausgeführt werden. Er plant den Bau von neuen Waldwegen, entscheidet, wo Bäume neu angepflanzt oder alte gefällt werden, und kümmert sich darum, was mit dem Holz passiert.

Der Förster passt auch auf, dass dem Wald kein Schaden zugefügt wird. Gibt es beispielsweise zu viele Rehe, die die jungen Bäume kaputt machen, so darf er sie bejagen – oder beauftragt einen Jäger mit der Jagd. Auch wenn dir im Wald etwas auffällt, kannst du das dem Förster mitteilen.

In manchen Revieren bietet der Förster interessante Führungen durch den Wald an, auch nachts. Erkundige dich doch einmal beim Forstamt in deiner Nähe.

Um **Förster** zu werden, solltest du ein großes Interesse an der Natur und ökologischen Zusammenhängen haben und gern draußen sein, auch bei Schnee oder Regen. Du kannst entweder eine mehrjährige Ausbildung zum Forsttechniker oder Forstwart/Forstwirt absolvieren oder Forstwirtschaft studieren.

Beruf: Waldarbeiter
- wird auch Forstarbeiter, Forstwirt, Forstfacharbeiter oder Forstwart genannt
- mehrjährige Ausbildung
- durch zunehmende Mechanisierung ein hochqualifizierter, gut bezahlter Facharbeiter
- Aufgaben: Holzernte, Neupflanzung und Forstpflegearbeiten, Wegebau, Wartung, Pflege und Instandsetzung von Maschinen
- Möglichkeit der Weiterbildung zum Forsttechniker

Der Förster zeigt den Kindern Blätter beiden bekanntesten Waldbäume, links Buchenblatt, rechts ein Eichenb

Früher lieferte der Wald den Menschen fast alles, was sie brauchten – Nahrung, Feuer- und Brennholz und mehr.

Wie werde ich Jäger?

Weil es bei uns keine großen Raubtiere wie Braunbären, Wölfe oder Luchse gibt, haben Rehe, Hirsche und Wildschweine keine natürlichen Feinde mehr. Daher können sie sich sehr stark vermehren und dem Wald große Schäden zufügen. Weil das weder von den Förstern noch den Waldbesitzern gewünscht wird und letztlich auch den Tieren selbst schadet, ersetzen Jäger die natürlichen Feinde. Sie erlegen Wild, bekämpfen aber auch Tierkrankheiten wie zum Beispiel die tödliche Tollwut, die etwa Füchse übertragen können.

Durch ihre Arbeit bewahren Jäger auch die heimische Tier- und Pflanzenwelt unserer Wälder.

Um Jäger zu werden, muss man einen gültigen Jagdschein (Jagdkarte) besitzen, den man nach dem Bestehen einer staatlichen Jägerprüfung für eine befristete Zeitdauer erhält.

Trotz Jagdschein darf ein Jäger aber immer noch nicht einfach in den Wald gehen und das nächstbeste Wildschwein schießen – das darf er nur auf dem eigenen, ausreichend großen Waldgrundstück. Ohne Waldbesitz kann sich ein Jäger einer örtlichen Jagdgenossenschaft anschließen und ein Waldgrundstück pachten.

Fragen an den Jäger Paul Erbacher

Was hat ein Jäger genau zu tun? Die meiste Zeit verbringe ich damit, den Tierbestand im Jagdrevier zu beobachten. Vom Hochsitz aus kann ich erkennen, ob es etwa viele Rehe gibt oder wenige.

Wie lange sitzen Sie auf dem Hochsitz? Ich gehe eine Stunde vor Sonnenunter- oder -aufgang auf den Hochsitz, damit die Tiere nicht merken, dass ich gekommen bin. Nach etwa drei Stunden ist es entweder zu hell – dann begeben sich die Tiere zur Ruhe – oder zu dunkel – dann kann ich nichts mehr sehen.

Fällt Ihnen das Schießen nicht manchmal schwer? Doch! Auf junge Tiere schieße ich manchmal nicht, obwohl ich weiß, dass ich sie dann im nächsten Winter erlegen muss.

Was passiert, wenn Sie ein Tier nicht richtig treffen? Ich gehe zu der Stelle, an der ich das Tier getroffen habe. Dort erkenne ich an Blut- und anderen Spuren, ob das Tier tödlich getroffen wurde oder nicht. Ist es geflohen, suchen wir mit einem Jagdhund nach dem verwundeten Tier. Aber das passiert sehr sehr selten, denn ich trainiere regelmäßig meine Schusssicherheit.

Dort, wo vor wenigen Jahrzehnten Fichten gepflanzt wurden, soll nach deren Rodung ein Mischwald wachsen. Darum forsten die Waldarbeiter diese Gebiete mit herangezogenen Bäumen auf.

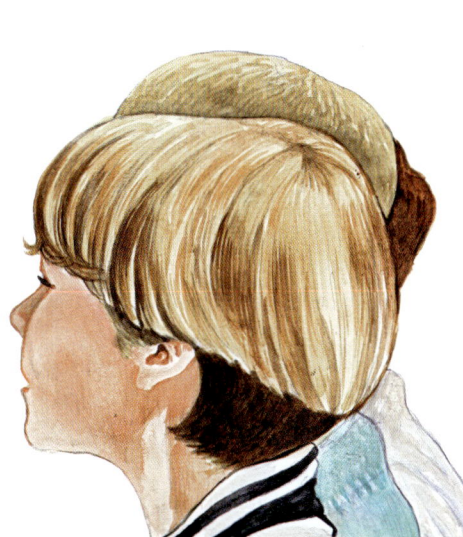

Geschützte Naturgebiete

Heimische Waldgebiete und Nationalparks

Obwohl Deutschland sehr dicht besiedelt ist, gibt es etliche Gebiete, in denen die Natur Natur bleiben darf. In den 16 Nationalparks, 17 Biosphärenreservaten und über 100 Naturparks, die von den scheinbar endlosen Wattenmeeren an den deutschen Küsten bis zu den verwunschenen Wäldern am Königssee in den Alpen reichen, wird die Landschaft geschützt. So soll sie als Naturerbe für die Menschen erhalten bleiben.

Du kannst alle geschützten Naturgebiete besuchen und erleben, wie schön, einzigartig und vielfältig unsere heimische Natur ist.

■ Nationalparks

■ zusammenhängende Waldgebiete

Verwunschener Märchenwald   Im **Nationalpark Harz** wandelst du durch Buchen- und Fichtenwälder, in denen Hexen, Feen und Waldgeister noch lebendig scheinen. Wegen der hohen Luftfeuchtigkeit überziehen dicke Moospolster und Flechtenvorhänge die Äste der Bäume.

Buchenwälder wie Kathedralen   Urwaldreste und Naturwälder bilden im **Nationalpark Kellerwald-Edersee** den größten Hainsimsen-Buchenwald Mitteleuropas, der nicht von Straßen und Siedlungen zerschnitten ist! In diesen herrschaftlichen Buchenwäldern könnt ihr euch zurückversetzen in die Zeit, als die ersten Römer zu uns kamen. So sahen damals drei Viertel von Deutschland aus!

Im Reich der Wildkatze   Bei uns gibt es tatsächlich noch Wildkatzen. Der größte Bestand mit etwa 1000 dieser Tiere hält sich in den Buchen- und Eichenmischwälder des **Nationalparks Eifel** auf. Dort kannst du ganz viele verschiedene Waldtypen entdecken: Buchenwälder und Eichen-Mischwälder, Schlucht- und Auwälder – das alles gibt es dort. Und wenn du meinst, das sei ja langweilig, dann fahre einmal hin. Erkunde Berge und Täler, Stauseen, Quellen und Bäche, dazu unzählige seltene Tiere und Pflanzen.

Der letzte Urwald   So wie es im **Nationalpark Hainich** ausschaut, würden große Teile Deutschlands aussehen – wenn es den Menschen nicht gäbe: Der Urwald in diesem Nationalpark ist der größte nutzungsfreie heimische Laubwald. Dort können die Bäume auf natürliche Weise alt werden und absterben. Etliche Bäume sind dort über 1000 Jahre alt.

118 Meter hohe Kreidekliffs und viel Wald Die berühmten Kreidefelsen der Insel Rügen sind nur ein kleiner Teil des **Nationalparks Jasmund**. Der größte Teil macht einen natürlichen Buchenwald aus.

Wälder in einer jungen Landschaft Sogar an der Ostseeküste gibt es Wälder – im **Nationalpark Vorpommersche Boddenlandschaft** kannst du entdecken, wie sich Wälder auf natürliche Weise auf den Flächen entwickeln, die das zurückschreitende Meer frei macht.

Eine der artenreichsten Lebensräume Deutschlands Wenn du im **Nationalpark Unteres Odertal** unterwegs bist, kannst du leicht nasse Füße bekommen. Denn die unzähligen Altarme in dieser Flussauenlandschaft sind von vogelreichen Auenwäldern umgeben. Dort brüten See-, Fisch- und Schreiadler!

Wald + Seen + Moore Waldwildnis pur kannst du im **Nationalpark Müritz** erleben. Besonders schön ist es dort, wenn sich im Mai die frischgrünen Blätter entfalten und im Oktober/November das Laub bunt wird. In dieser hügeligen Waldlandschaft gibt es auch unzählige Seen und Moorgebiete.

Eine Waldlandschaft wie aus »Herr der Ringe« Im **Nationalpark Sächsische Schweiz** kannst du fast in die Filmkulisse von *Herr der Ringe* eintauchen: Bizarre Felsen, auf denen nur noch die fantastischen Burgen und Städte Gondors zu fehlen scheinen, umrahmen tief eingeschnittene Schluchten mit undurchdringlichen Wäldern.

Das größte Waldschutzgebiet Europas Mehrere hundert Jahre alte Urwaldreste geben dir im **Nationalpark Bayerischer Wald** einen kleinen Eindruck davon, wie die Natur einst in unseren Berglandschaften aussah. Zusammen mit dem Böhmerwald bildet dieser Nationalpark das größte zusammenhängende Waldgebiet Europas!

Der einzige Alpen-Nationalpark Deutschlands Im **Nationalpark Berchtesgaden** thront der 2713 Meter hohe Watzmann, Deutschlands zweithöchster Berggipfel, über einer grandiosen Bergwald- und Seenlandschaft. Dort ist der Steinadler zuhause.

61

Kleines Wald-ABC

Auwald Natürlicher Wald entlang von Bach- und Flussläufen aus Gehölzen (Weiden, Erlen, Pappeln), die Stauwasser vertragen. Wichtiger Überschwemmungsschutz und Rückzugsgebiet für viele selten gewordene Pflanzen und Tiere.

Baumgrenze Linie, bis zu der Bäume wachsen können. Oberhalb der Baumgrenze gibt es in Gebirgen keine Bäume.

Bergwald Natürliche Vegetation in Gebirgen bis zur Baumgrenze

Bestand Mindestens 1 Hektar großer Waldteil, dessen Pflanzen und Tiere eine Lebensgemeinschaft bilden

Bruchwald Wald vorwiegend aus Erlen auf nassen Böden, deren Grundwasserspiegel bis fast an die Bodenoberfläche reicht

Eiszeiten In der Eiszeit wechseln sich Warm- und Kaltzeiten über eine Spanne von rund 2,5 Millionen Jahren fortlaufend ab. Im Durchschnitt dauert eine Kaltzeit 100 000–125 000 Jahre, eine Warmzeit hingegen nur 15 000–20 000 Jahre. Während der Kaltzeit lagen die durchschnittlichen Temperaturen 4–6 Grad niedriger als heute, in der Warmzeit 2–3 Grad höher.

Erosion Die natürliche Abtragung von Bodensubstanz durch Wind oder Wasser. Sie kann durch unsachgemäße oder intensive Bodennutzung beschleunigt werden.

Fauna Bezeichnung für die Tierwelt eines Lebensraums oder eines geografischen Gebiets

Feldgehölz Kleinflächiger Baum- und Strauchbestand in einer Feld- und Wiesenlandschaft

Flora Bezeichnung für die Pflanzenwelt eines Lebensraums oder eines geografischen Gebiets

Forst Bewirtschafteter, forstlich genutzter und gepflegter Wald

Förster Umgangssprachliche alte Bezeichnung für alle Forstbeamten

Forstwirtschaft Wird auch Waldwirtschaft genannt. Ihre Aufgabe ist es, den Wald für die menschliche Gesellschaft nutzbar zu machen.

Fotosynthese Bezeichnung für eine Reihe von Stoffwechselreaktionen, bei denen Lichtenergie in chemische Energie umgewandelt wird. Mithilfe der Sonnenenergie werden Kohlendioxid und Wasser in der Glucose (einer Zuckerverbindung) gebunden.

Hain Parkähnlicher Wald, meist Buchen-, Eichen- oder Birkenhain mit mächtigen, ausladenden, frei stehenden Bäumen ohne Unterwuchs

Hartlaubwald Im mediterranen Klima (trocken-heiße Sommer, kühle regenreiche Winter) gedeihender Wald aus immergrünen Gehölzen mit steifen, verdickten Blättern

Harz Komplizierte organische, wasserunlösliche, meist klebrige Verbindungen, die sich in den Harzkanälen der Nadelbäume befinden. Es dient dem Verschließen von auftretenden Wunden. Versteinertes Harz ist Bernstein.

Hochwald Wald mit einem Baumbestand aus unterschiedlich hohen, jungen und alten Bäumen, der der Gewinnung von Nutzholz dient

Holz Dauergewebe von Bäumen und Sträuchern (Gehölze) mit enormer Festigkeit. Es wird in einem speziellen Gewebe (Kambium) unterhalb der Rinde gebildet. Durch die Einlagerung von Zellulose und Lignin in die Zellwände entsteht ein verfestigtes, stabiles Gewebe, dem Bäume und Sträucher ihre beachtliche Größe verdanken. Holz ist ein wichtiger Rohstoff für Bauten, Möbel, Schiffe, Papier oder Zellstoffe und liefert beim Verbrennen Energie. Holz gilt als nachhaltiger, d. h. ökologisch günstiger Rohstoff, weil Bäume – im Unterschied zu Gas, Erdöl und Kohle – stets nachwachsen, etwa in Plantagen.

Hudewald Auch Hutewald genannt. Er diente vom Mittelalter bis in die Neuzeit der Waldweide (Hute) und der Mastnutzung, indem Vieh zum Weiden in den Wald getrieben wurde.

Humus Die zersetzten, abgestorbenen tierischen und pflanzlichen Substanzen auf und im Boden. Humus entsteht aus den pflanzlichen (z. B. Laub, Totholz) und tierischen Resten (z. B. Kot, Aas) durch die Tätigkeit von tierischen, pilzlichen und mikrobiologischen Zersetzern (Destruenten).

Jahrringe Die konzentrischen, dunklen und hellen Ringe am Stammquerschnitt eines gefällten Baumes sind die Jahrringe. Sie entstehen, da bei uns die Bäume nur im warmen Sommerhalbjahr wachsen und von Herbst bis Frühjahr eine Ruhepause einlegen. So wechseln sich helle Frühjahrsringe mit dunklen Spätholzringen ab. An ihnen kann man erkennen, wie alt ein Baum ist. Frühjahrsringe sind hell, da die von Mai bis Juli gebildeten Holzzellen groß und dünnwandig sind. Die von August bis Oktober gebildeten Zellen sind wegen des eingelagerten Lignins dunkel. Danach ruht der Baum und bildet kein Holz.

Kahlschlag Komplette Abholzung einer größeren Waldfläche

Klima Alle meteorologischen Vorgänge wie Temperatur und Niederschläge, die zu dem durchschnittlichen atmosphärischen Zustand an einem Ort führen. Sie umfasst alle Wetterzustände, die an einem Ort möglich sind.

Laubstreu Auch Bodenstreu genannt. Sie besteht aus allen unzersetzten, lebenden und toten pflanzlichen Bestandteilen auf dem Waldboden wie Laub und Nadeln, Moose und Kräuter.

Laubwald Vorwiegend aus Laubbäumen bestehender Wald; bei uns die natürliche Form der Wälder in den Ebenen

Lichtung Eine baumlose Stelle im Wald, die sehr artenreich ist und den Waldtieren viel Nahrung bietet

Mangrovenwald Typischer Wald an warmen Meeresküsten mit Ebbe und Flut aus Mangroven, die das Salzwasser vertragen; bietet Meerestieren und Vögeln Bruträume und Verstecke

Mischwald Aus zwei und mehr Waldbaumarten bestehender Wald. Ein Mischwald hat viele ökologische Vorteile, denn er ist widerstandsfähiger z. B. gegen Schädlinge oder Stürme.

Monokultur Pflanzung mit nur einer Pflanzenart, im Wald meist mit schnellwüchsigen Tannen und Fichten

Monsunwald Regengrüner tropischer Wald mit ausgeprägtem Wechsel von Regen- und Trockenzeiten. Die Bäume werfen in der Trockenzeit ihr Laub ab, die Strauchschicht hingegen ist immergrün und besteht teilweise aus Bambus.

Nadelwald Aus Nadelbäumen bestehender Wald, der natürlich (in den Bergen, im hohen Norden) oder durch die Einwirkung des Menschen (Nadelforst) entstanden ist. Nadelwälder sind sehr viel artenärmer als Laub- und Mischwälder.

Naturnaher Wald Wald, der naturnah bewirtschaftet wird; dort werden standortgeeignete Baumarten gepflanzt und auf eine natürliche Bodenbeschaffenheit sowie eine natürliche Verjüngung geachtet; in solch einem Wald findet man auch morsche oder umgefallene Stämme.

Nebelwald In tropischen Hochgebirgen wachsender Wald mit reichlichem Wasserangebot durch Nebel

Ökosystem Grundeinheit in der Natur, die aus einem Lebensraum (z. B. Hainsimsen-Buchenwald) und allen darin lebenden Pflanzen und Tieren besteht, die eine Lebensgemeinschaft bilden

Pionierbäume Bäume (z. B. Birke, Eberesche, Zitter-Pappel), die als Erste auf einer frisch gerodeten Fläche oder nach einem Waldbrand erscheinen

Plenterwald Moderne, nachhaltige Betriebsform des Hochwaldes mit Bäumen jeglichen Alters und Wuchsformen. Obwohl regelmäßig ausgewählte Bäume als Nutzholz gefällt werden, bleibt der Waldcharakter stets erhalten.

Primärwald Urwald, ein vom Menschen noch gänzlich unbeeinflusster Wald

Regenwald Immergrüner, üppiger Wald in Gebieten mit ganzjährig gleichmäßig feuchtwarmem Klima. Regenwälder sind mit Abstand die artenreichsten Lebensräume der Erde, nahezu die Hälfte aller bekannten Tier- und Pflanzenarten kommen dort vor!

Sauerstoff Chemisches Element, das zu knapp 21 % in der Luft enthalten ist; wird u. a. von den Pflanzen bei der Fotosynthese freigesetzt

Saurer Regen Chemische Verbindung von Schwefeldioxiden (Abgase von Kraftwerken und Industrieanlagen) und Stickoxiden (Abgase von Kraftfahrzeugen) mit Luftsauerstoff und Regenwasser. Er zerstört die äußersten Blattschichten und trägt zur Bodenversauerung bei.

Schluchtwald Kleinflächiger Wald an feuchten und schattigen Gebirgsschluchten aus vielen verschiedenen Bäumen und reichem Blumenbestand

Treibhauseffekt Effekt der Erwärmung bodennaher Luftschichten durch Wärmerückstrahlung von der Atmosphäre zum Erdboden, der durch klimawirksame Spurengase wie Kohlendioxid und Methan verursacht wird. Der natürliche Treibhauseffekt heizt die Durchschnittstemperatur der Erde um ca. 30 Grad C auf angenehme 15 Grad C auf, der überhaupt Leben auf diesem Planeten ermöglicht. Vermutlich durch menschliches Tun erhöhen sich derzeit die klimawirksamen Gase in der Atmosphäre und verursachen eine starke Erhöhung der bodennahen Lufttemperatur im Lauf dieses Jahrhunderts um 3–12 Grad C.

Urwald s. *Primärwald*

Vegetation Gesamtheit aller Pflanzengesellschaften eines Gebiets

Vollernter Auch Harvester genannt; Holzerntemaschine, die alle anfallenden Arbeiten wie Fällen, Entasten, Vermessen und Einschneiden ausführen kann

Waldsterben Früher übliche Bezeichnung für die neuartigen, durch Umweltverschmutzung verursachten Waldschäden

Waldzustandserhebung Alljährlich in allen Mitgliedsstaaten der EU (Europäischen Union) stattfindende, nach einem einheitlichen Verfahren durchgeführte Erhebung des Kronenzustands

der Waldbäume. Durch diese Erhebung wird die Vitalität der Bäume und des Waldes eingeschätzt. Die Ergebnisse dieser Erhebung werden in Waldzustandsberichten dokumentiert.

Wild Alle jagdbaren Tiere, im Wald vor allem Hirsche, Rehe, Wildschweine und Hasen

Wildverbiss Vom Wild durch Fressen von Rinde, jungen Knospen und Blättern verursachte Schäden an Bäumen und Büschen

Wirtschaftswald Bezeichnung für alle bewirtschafteten Flächen, auf denen Bäume zur Gewinnung von Holz und anderen pflanzlichen Walderzeugnissen (z. B. Harz, Pilze, Honig) wachsen

Der Wald in Zahlen

Deutschland Den größten Anteil am deutschen Wald hat Bayern (22 %), gefolgt von Baden-Württemberg (13 %), Niedersachsen (10 %) und Brandenburg (9 %). Die waldreichsten Bundesländer sind Rhein-Pfalz und Hessen, wo 41 % bzw. 40 % der Landesfläche bewaldet sind. Das waldärmste Bundesland ist Schleswig-Holstein, dessen Landesfläche nur zu 10 % mit Wald bedeckt ist.

Österreich und Schweiz Wald befindet sich auf 38 % der Staatsfläche von Österreich (rund 3,9 Millionen Hektar) und auf 31 % der Staatsfläche der Schweiz (rund 1,3 Millionen Hektar).

Europa Rund 45 % der europäischen Bodenfläche ist von Wald bedeckt. Die waldreichsten Staaten sind Finnland (72 % der Staatsfläche sind bewaldet) und Schweden (rund 57 %). Im Mittelfeld liegen Österreich, die Schweiz und Deutschland. Am waldärmsten sind Portugal, Holland und Dänemark (mit rund 8 %), gefolgt von Großbritannien (mit rund 4 %) und dem waldlosen Malta.

Baumwipfelpfade Hier kannst du den Wald von oben erleben! Der weltweit längste Baumwip-

felpfad ist im Bayerischen Wald: ein 1300 m langer Steg auf 8–25 m Höhe.
www.baumwipfelpfad.by
Die 13 schönsten Baumwipfelpfade findest du unter *www.travelbook.de/deutschland/die-schoensten-baumwipfelpfade-in-deutschland-785452.html*
Weitere Baumwipfelpfade:
– Baumkronenweg Waldkirch, *www.baumkronenweg-waldkirch.de*
– Baumkronenweg im Innviertel, Österreich (mit Baumhotels in 10 m Höhe), *www.baumkronenweg.at*
– Biosphärenhaus Pfälzerwald/Nordvogesen, *www.biosphaerenhaus.de*
– Nationalpark Hainich, *www.nationalpark-hainich.de*
– Wald-Wipfel-Weg, *www.waldwipfelweg.de*

Haus des Waldes In Zusammenarbeit mit der Schutzgemeinschaft Deutscher Wald gegründete waldpädagogische Begegnungsstätten. Bekannte Häuser sind in Berlin, Stuttgart, Köln, Haldensleben und Bremervörde. Im Wildwald Voßwinkel im Ruhrgebiet gibt es zudem eine Waldakademie mit über 1000 Veranstaltungen im Jahr. Wenn ihr ein Haus in der Nähe eures Wohnortes suchen wollt, schaut hier nach: *www.haus-des-waldes.de*

Höhenlehrpfade Anders als die Baumwipfelpfade, die auf Stelzen gebaut sind, setzen Höhenlehrpfade auf einem (Wald-)Hochseilparcours auf. Ein schönes Beispiel: die »Eichhörnchenwelt« in Hundesburg, Sachsen-Anhalt (ab 14 Jahre) im Haus des Waldes, *www.haus-des-waldes.de*
Übersichtsseite zu weiteren Höhenlehrpfaden: *www.hoehenlehrpfade.de*

Hudewälder Die wenigen erhaltenen Hudewälder Deutschlands stehen alle unter Naturschutz. Es gibt sie noch im Berchtesgadener Land (sog. »Tratten«), im Forstenrieder Park bei München und im Bayerischen Wald (sog. »Schachten«). Besonders schön sind der Reinhardswald in Nordhessen und die Ivenacker Eichen in Mecklenburg-Vorpommern. Die Ivenacker Stieleichen gehören mit 500 bis 1000 Jahre alten Baumveteranen

zu den ältesten Bäumen Europas.

Jugendwaldheime Aktives Walderleben für Schulklassen. Jugendliche können eine Woche lang bei der Waldpflege helfen und darüber den Lebensraum Wald und die Forstwirtschaft kennenlernen. Anbieter ist die Schutzgemeinschaft Deutscher Wald. Adressen siehe unter *www.sdw.de/jugend.htm*

Nationalparks Auf der gemeinsamen Homepage der Nationalparks, die auch auf die UNESCO-Biosphärenreservate und Naturparks hinweist, findest du viele spannende Informationen zu den Nationalparks in Deutschland – und du erfährst, wie du Junior-Ranger werden und einen Ranger in den Wald begleiten kannst! Zahlreiche Nationalparks, Biosphärenreservate und Naturparks laden Kinder und Jugendliche von 7–12 Jahren ein, am Junior-Ranger-Programm teilzunehmen. *www.europarc-deutschland.de*

Wald aktiv

BUNDjugend: Bundesweit aktive umweltpolitische Jugendorganisation, die durch das Netzwerk »Young Friends of the Earth« mit Jugendlichen aus der ganzen Welt verbunden ist. *www.bundjugend.de*

Greenpeace: Kinder und Jugendliche zwischen 10 und 14 Jahren können sich in Greenteams organisieren und aktiv ihre Interessen für die eigene Zukunft vertreten. Jugendliche ab 14 Jahren werden Mitglied in einer der bundesweit rund fünfzig Greenpeace Jugend-AGs (JAGs). *www.greenpeace4kids.de*

Naturschutzjugend (NAJU): Die Jugendorganisation des Naturschutzbundes Deutschland ist mit rund 75 000 Mitgliedern im Alter von 6 bis 27 Jahren einer der größten Jugendumweltverbände der Bundesrepublik Deutschland. Kinder, Jugendliche und junge Erwachsene finden dort ein großes Angebot von Umwelt- und Naturschutzaktivitäten. *www.naju.de*

Register

Bildnachweis akg-images Berlin: S. 11 url ▪ Filmfotoarchiv Jauch und Scheikowski: S. 11 or ▪ **imago** ▪ imagebroker: S. 42–43 ▪ McPHOTO/R. Müller: S. 21 urr ▪ **mauritius images:** Umschlagfoto vorn ▪ PEFC Deutschland e. V.: S. 57 mr ▪ picture-alliance ▪ akg-images: S. 11 urr, 59 or ▪ All Canada Photos: Umschlagfoto hinten, S. 54–55 ▪ Balance/photoshot: S. 25 rr (3. Abb. v. o.) ▪ Bildagentur Huber: S. 16 ol, 35 ul (Foto) ▪ Bildagentur-online/Saurer: S. 25 rl (3. Abb. v. u.) ▪ chromorange: S. 18–19 ▪ dieKLEINERT.de/Susan Kargut: S. 8 ml ▪ dieKLEINERT.de/Enno Kleinert: S. 7 ur, 12 ul, 34 ol, 51 mr ▪ dpa: Umschlagfoto vorn, S. 6 ol, 7 orul & orr, 9 ur, 12 ml, 14 oll & olm, 16 ml, 20 ol, 22 ml, 25 rr (2. Abb. v. u.), 27 mr, 28 olr, 29 orr, 30 ml, 31 mr, 32–33, 34 ul, 35 or, 46 mlor, 56 ml & ul, 57 ur, 58 mlr & mll & ul, 59 ur ▪ dpa-infografik: S. 14 u, 27 or, 30 ul ▪ dpa-infografik/Globus Infografik: S. 24 ul ▪ Helga Lade Fotoagentur: S. 41 ull ▪ Hippocampus Bildarchiv: S. 25 rr (3. Abb. v. u.) ▪ KPA: S. 46 ul ▪ KPA/Theissen: S. 37 orl ▪ KPA/Brigitte Werle: S. 23 ur ▪ NHPA/photoshot: S. 4–5 ▪ Okapia/Rolf Bender: S. 36 ur (Foto) ▪ Okapia/Carsten Braun: S. 47 ur ▪ Okapia/B. Brossette: S. 46 ol ▪ Okapia/Gerald Cubitt: S. 70 rol ▪ Okapia/Delpho: S. 57 or ▪ Okapia/Per-Olov Eriksson: S. 9 mr, 40 ul ▪ Okapia/Laßwitz: S. 25 rr (1. Abb. v. o.) ▪ Okapia/Gerd Penner: S. 25 rl (1. Abb. v. o.) ▪ Okapia/Hans Reinhard: S. 49 mrr ▪ Okapia/Konrad Wothe: S. 15 ▪ Sander: S. 25 rl (3. Abb. v. u.) ▪ **PIXELIO** ▪ Jürgen Acker: S. 46 mlul ▪ Joachim Berga: S. 28 oll ▪ Gaby Berger: S. 21 mr ▪ Roland Bolliger: S. 52 mlur ▪ Christine Braune: S. 41 mr ▪ broiamigo: S. 39 or ▪ Tim Caspary: S. 6 ml ▪ Axel Dedecke: S. 47 or ▪ dieter: S. 49 ur ▪ Robert Emmerich: S. 29 orl ▪ ems74: S. 44 mlr ▪ Peter Fenge: S. 21 oro ▪ gnubier: S. 21 oru, 28 ul ▪ Peter Grelck: S. 37 mr ▪ Harald Grunsky: S. 25 rl (1. Abb. v. u.) ▪ Jan H.: S. 12 ol ▪ Egon Häbich: S. 40 ol ▪ Franz Haindl: S. 53 mr ▪ S. Hainz: S. 20 ml ▪ Hanseat: S. 48 ml ▪ Dieter Haugk: S. 23 or, 25 rr (1. Abb. v. u.), 44 olr, 45 ur, 46 mlur, 49 mrl ▪ Günter Havlena: S. 36 or (Foto) ▪ Jürgen Heppe: S. 31 ur ▪ Joujou: S. 13 ur ▪ Rainer Klinke: S. 22 ul ▪ Melanie Kluth: S. 25 rl (2. Abb. v. o.) ▪ Ralph-Thomas Kühnle: S. 39 um ▪ K. Mann: S. 50 ol ▪ manwalk: S. 39 mru ▪ Kurt Michel: S. 41 urr ▪ Gitti Moser: S. 53 or ▪ Thomas Max Müller: S. 21 url ▪ Verena N.: S. 44 mll ▪ Udo Nowak: S. 50 ul ▪ Daniel Pfeiffenberger: S. 50 um ▪ Carsten Przygoda: S. 44 ul ▪ Peter Röhl: S. 52 mlul ▪ Mario Rupnow: S. 13 orl ▪ Helmut J. Salzer: S. 25 rr (2. Abb. v. o.) ▪ Schemmi: S. 48 ol ▪ Manfred Schimmel: S. 40 ml ▪ Helga Schmadel: S. 52 ol ▪ Dieter Schütz: S. 9 or ▪ Rainer Seeman: S. 34 um (Foto) ▪ Udo Sodeikat: S. 52 mlo ▪ Peter Sommerfeld: S. 45 um ▪ sparkie: S. 26 ol ▪ Uwe Steinbrich: S. 56 ol ▪ Rainer Sturm: S. 22 ol, 36 ul (Foto), 39 orr ▪ Pascal Tippelt: S. 30 ol ▪ tokamuwi: S. 26 ml, 48 ul ▪ Dirk Weise: S. 34 ur (Foto) ▪ Ulrich Wieber: S. 39 mro ▪ Wolfgang: S. 35 um (Foto) ▪ x-ray-andi: S. 38 ml

Quellennachweis »Salamander« S. 50 von Josef Guggenmos aus *Was denkt die Maus am Donnerstag?* © 1998 Beltz & Gelberg in der Verlagsgruppe Beltz, Weinheim & Basel